Maquiavel, a democracia e o Brasil

Editora Estação Liberdade Ltda.
Rua Dona Elisa, 116 | Barra Funda
01155-030 São Paulo – SP
Tel.: (11) 3660 3180
editora@estacaoliberdade.com.br
estacaoliberdade.com.br
/eeliberdade

Edições Sesc São Paulo
Rua Serra da Bocaina, 570 – 11º andar
03174-000 – São Paulo SP Brasil
Tel.: 55 11 2607-9400
edicoes@sescsp.org.br
sescsp.org.br/edicoes
/edicoessescsp

Renato Janine Ribeiro

Maquiavel, a democracia e o Brasil

Estação Liberdade
edições Sesc

Preparação Fábio Fujita
Revisão Joice Nunes
Editor assistente Luis Campagnoli
Supervisão editorial Letícia Howes
Edição de arte Miguel Simon
Editor Angel Bojadsen

CIP-BRASIL. CATALOGAÇÃO NA PUBLICAÇÃO
SINDICATO NACIONAL DOS EDITORES DE LIVROS, RJ

R372m

Ribeiro, Renato Janine, 1949-
Maquiavel, a democracia e o Brasil / Renato Janine Ribeiro. - 1. ed. - São Paulo : Estação Liberdade : Edições SESC SP, 2022.
160 p. ; 21 cm.

Inclui bibliografia
ISBN 978-65-86068-55-9 (Estação Liberdade)
ISBN 978-65-86111-93-4 (Edições SESC SP)

1. Ciência política. 2. Democracia. 3. Estado. I. Título.

22-78326 CDD: 320
CDU: 32

Meri Gleice Rodrigues de Souza - Bibliotecária - CRB-7/6439
14/06/2022 17/06/2022

Esta publicação segue as normas do Acordo Ortográfico da Língua Portuguesa, Decreto nº 6.583, de 29 de setembro de 2008.

Sumário

Por que Maquiavel	9
Prelúdio: *virtù* e fortuna no futebol	15
Os tempos da legitimidade	21
Maquiavel e a democracia	45
Legitimidade se perde?	59
Entre o primeiro e o segundo tempos: Édipo como o príncipe moderno	67
Virtù e fortuna nos presidentes brasileiros	95
Referências bibliográficas	155

Por que Maquiavel

Este pequeno livro se funda em algumas ideias matrizes. A primeira é que Maquiavel, em especial em sua obra aparentemente antirrepublicana, *O príncipe*, nos fornece elementos preciosos para *pensar a democracia*. O foco principal desta obra é o príncipe novo, que acaba de adquirir o poder e precisa consolidar-se. Tal príncipe é exceção nas monarquias, mas, na democracia, é rotina. Toda democracia tem, o tempo todo, governantes novos, que precisam legitimar-se. (Explicarei adiante por que não identifico república e democracia.)

A segunda ideia é que *virtù* e fortuna, o par de conceitos que Maquiavel propõe no final de sua pequena grande obra, são elementos talvez insuperáveis no que concerne a entender a capacidade do político para liderar e ter êxito em seu papel de governar. Não há como pensar o líder sem saber o que ele deve à sorte, ou fortuna, e à habilidade, ou *virtù*.

Em outros tempos, a discussão de *O príncipe* enfatizou outro par de conceitos — amor e medo —, indagando se é melhor o governante ser amado ou temido: a novidade de Maquiavel esteve em dizer que era melhor ser temido.

Não há dúvida de que esse debate é importante para contestar a doutrina medieval do rei bom, que procura ser amado pelo povo; mas, aqui, o que nos importa é como o filósofo faz pensar a ação política *hoje*. Daí que a discussão, quase no final de *O príncipe* sobre *virtù* e fortuna — ou sobre como age o príncipe —, seja o que orientará este livro.

A terceira ideia é que, assim, Maquiavel se torna, dos filósofos políticos, o que melhor permite pensar a política em seu fazer cotidiano. É difícil estabelecer a fronteira entre a filosofia política — minha área — e a ciência política, mas uma das possibilidades é que a primeira lide com grandes conceitos, fundantes, extraordinários, como Estado, soberania, representação, enquanto a segunda trate do funcionamento dos poderes e, num regime democrático, das eleições e dos modos de vencê-las ou perdê-las. Essa distinção faz bastante sentido e cobre muito do que filósofos e cientistas da política operam em seus respectivos domínios, mas acaba deixando a ciência política com a espuma e a filosofia política com dinossauros que mal conseguem se movimentar. Os grandes conceitos da filosofia política dificultam sua aplicação: a macroestrutura é insuficiente para pensar a conjuntura, mas é de conjunturas que se faz boa parte da política — e, questão em aberto, talvez toda ela.

Daí o paradoxo que vemos particularmente em Marx. De todos os filósofos da política, ele foi o que mais se empenhou em revolucionar o mundo. Mas sua obra pouco dá conta dos momentos políticos decisivos. Tomemos suas análises da política francesa, do final da década de 1840 à Comuna de Paris: ele praticamente joga — com desdém — num único pacote orleanistas, legitimistas e bonapartistas, bem como os republicanos moderados. Mas, assim, fica quase impossível entender por que eles se opuseram e o que deles saiu. Aliás, sua análise política mais brilhante, a obra-prima *O 18 de brumário de Luís Bonaparte*, exala um tal desprezo pelo personagem-título que nos impede de entender como e por que ele, já se intitulando Napoleão III, conseguiu governar por praticamente vinte anos. Marx talvez se faça de esperto: ele o analisa no começo golpista de seu longo governo e no final desastrado de sua derrota perante os prussianos[1], o que lhe permite desprezá-lo — mas não gera conhecimento de suas realizações ou sequer uma compreensão das razões de haver ele governado tanto tempo.

É contra esse quadro que Maquiavel, com os conceitos de *virtù* e fortuna, se mostra extremamente atual. Veremos como permite entender fenômenos tão diferentes como os sucessos e fracassos dos presidentes brasileiros desde a democratização de 1985 — e até mesmo o jogo de futebol. Tenho certeza de que *virtù* e fortuna são conceitos riquíssimos, figurando entre os mais eficientes dentre os que a filosofia política engendrou. Não diminuo a importância da soberania, da representação e do Estado, mas é esse par de conceitos do final de *O príncipe* que permite entender melhor a *ação* política.

Rememorando rapidamente: a teoria política medieval desaba sob o peso de duas famílias *novas* nas formas de pensar a política. Uma é a da *instituição política*,

1. Respectivamente, em *O 18 de brumário de Luís Bonaparte* (1852) e em *A guerra civil na França* (1871).

construção moderna para fazer com que mesmo os vícios privados se tornem benefícios públicos, mediante uma sábia engenharia hidráulica, por assim dizer, que canaliza a ganância, por exemplo, para convertê-la em empresa, em disposição a tomar o mundo. As instituições atuam no sentido de que mesmo governantes loucos, perversos e ineficientes tenham seu veneno domesticado por uma canalização que restrinja sua capacidade de promover os distintos males que são a loucura, a maldade e a incompetência. Mas, evidentemente, a instituição desacelera processos de mudança. Tende a ser conservadora, partindo da ideia de que a sociedade política, tal como está, é mais positiva do que negativa. Ou, pelo menos, que é melhor preservar uma sociedade do que assistir a sua dissolução. Chamei essa forma moderna de entrar na política de *abertura Mandeville*, num livro anterior.[2]

A essa primeira família, a da instituição política, se contrapõe e se complementa outra, que é a da *ação política*, sobretudo a inovadora. Ali tínhamos o Estado, aqui temos a revolução. O agente político pode estar no poder ou lutar para obtê-lo: pode ser o revolucionário ou, se já dirigir o governo, o agente de mudanças. *O príncipe*, já pelo título, deixa claro que é desse paradoxal personagem

2. R. Janine Ribeiro, *A última razão dos reis: ensaios sobre filosofia política*, São Paulo, Companhia das Letras, 1993. Chamo de abertura Mandeville a situação pela qual instituições fazem com que vícios privados gerem benefícios públicos. Por exemplo, um ladrão que rouba um abade faz circular as moedas que sua vítima entesourava e é mais útil para a economia do que o sacerdote. Instituições assim funcionam como canalizações dos vícios para benefícios, como uma hidráulica das relações humanas.

que ele se ocupa, isto é, do governante que atua de forma inovadora e sem limites. Seu mundo não é o das instituições, mas o da ação. Não é fortuito que essa obra tenha ficado associada ao mal. Ela rompe com os valores morais, tradicionais, justamente porque inova, quebra a tradição. Não por acaso, chamei essa outra forma de entrar na modernidade política de *abertura Maquiavel*.[3]

Poderíamos dizer que hoje, nas sociedades mais ou menos democráticas que vieram a cobrir cerca de metade da população mundial, umas requerem mais a instituição, outras, a ação. Os países nos quais a democracia melhor se consolidou precisam proteger-se dos desatinos de governantes como Trump, que ameaçaram destruir valores democráticos fundamentais. Já países como o Brasil, que vivem uma desigualdade tão intensa que merece o nome de injustiça social, carecem de bases sociais e econômicas para se firmar na democracia. Neles, a iniciativa, a ruptura, a ação, em suma, são prioritárias. Nossas instituições, quando conservam o que existe, preservam nossa parca democracia, e friso o *parca*: mantêm o copo meio vazio, mais do que meio cheio.

Mas pode ser que, num período de mudanças rápidas como as que temos vivido no mundo inteiro — com

3. No mesmo livro. A abertura Maquiavel é a emancipação do príncipe frente aos imperativos morais que, segundo a doutrina cristã, deveriam nortear sua ação para ser ele um rei bom e justo. Assim, a abertura Maquiavel libera a ação humana (a do líder), enquanto a abertura Mandeville desvia as ações de ao menos parte dos indivíduos para uma ordem que os extrapola. Mas ambas rompem com a colonização da sociedade pela moral cristã.

o avanço extraordinário de tecnologias que permitiriam a redução de horas de trabalho e, por conseguinte, a ampliação do lazer criativo, com o crescimento da expectativa de vida, que demanda indagações novas sobre como criar sentido para as nossas vidas —, a necessidade da ação política se amplie. O que conservar, se frisarmos as instituições? Elas conservarão as oito horas diárias de trabalho, ampliarão os anos de contribuição à previdência social, produzirão desemprego maciço, manterão formas de representação política que caducam? Aliás, uma de nossas crises mais agudas não é justamente a da representação política, por meio da qual se constroem as instituições democráticas? Será esse o mérito das instituições? Duvidoso mérito.

Os tempos são de ação. Maquiavel é uma boa inspiração para quem quer mudar o mundo.

Prelúdio: *virtù* e fortuna no futebol

Vamos começar por dois conceitos que Maquiavel cria, para pensar a ação política, em especial aquela que lida com o novo. Para isso, recorro a um artigo que escrevi logo depois da goleada que o Brasil levou da Alemanha, o 7 a 1 da Copa de 2014.

E já aviso: como a maior parte de quem estuda Maquiavel, manterei em italiano a palavra virtù, *a fim de preservar sua estranheza e nosso estranhamento.*[1]

Quase todos os meus amigos que se interessam por analisar a política, inclusive os mais pernas de pau, como

1. A filosofia nasce do *thaumazein*, segundo Platão. Em seu diálogo *Teeteto*, Sócrates diz que o princípio da filosofia é a experiência de admiração. (Sócrates é personagem e mestre de Platão.) Admiração é uma das traduções de *thaumazein*: maravilhamento, espanto e, sim, admiração. Importante notar que há dois sentidos aqui mesclados: o de perceber que as coisas suscitam espanto, estranhamento — e, ao mesmo tempo, um sentimento positivo, que estamos acostumados a ligar ao verbo *admirar*. Por isso, uma obra de filosofia tem a obrigação de fazer seus leitores *estranharem* o que passa por óbvio. Talvez semear dúvidas — ou melhorar a qualidade delas — seja o principal papel da filosofia hoje.

eu — quase tudo o que sei é que impedimento não é a mesma coisa que *impeachment* —, estão discutindo nossa política à luz da Copa do Mundo.[2] Ora, durante o jogo do Brasil com a Alemanha, veio-me uma intuição: não há atividade humana que ilustre tão bem a tese de Maquiavel sobre a *virtù* e a fortuna quanto o futebol. Explico-me.

Para Maquiavel, metade de nossas ações é governada pela fortuna, metade pela *virtù*. A fortuna é fácil de entender: é o acaso, a sorte, favorável ou desfavorável. Já a *virtù*, palavra que vem do latim *vir*, varão, designa o agir propriamente varonil, significando tudo o que provém de uma deliberação madura e atenta de como agir. Assim, metade do que vivemos se deve à sorte ou ao azar, à fortuna ou ao infortúnio, e a outra metade tentamos fazer, a duras penas, que resulte de nosso empenho, de nossa tentativa de pôr ordem — nossa ordem — na bagunça do mundo. Fortuna é conjuntura, é passividade, *virtù* é ação.

A tarefa humana, e sobretudo a do governante (que Maquiavel expõe em *O príncipe*), é vencer. Mas, nisso, esbarramos no inesperado, no imponderável. Assim, o Brasil se desenvolve, o que implica maior consumo de energia e de água. E vem um ano de seca, totalmente fora dos padrões! Isso afeta o abastecimento de energia, responsabilidade do governo federal, e de água, que é do estadual. No meio do planejamento, que é *virtù*, mete-se

2. Grande parte dessas ideias apareceu num artigo publicado em *O Estado de S. Paulo* em 12 de julho de 2014, intitulado "*Virtù* e fortuna", diretamente inspirado pela fragorosa derrota do Brasil pela Alemanha, por 7 a 1, no dia 8 daquele mês. Recupero-as aqui com poucas modificações.

a fortuna a atrapalhá-lo. Claro, pode-se aprender com a lição — aumentando a oferta de energia, melhorando a gestão da água. Ou: um de nós quer trocar de carro, faz contas, separa economias e, de repente, adoece. Ou, ainda, saindo dos casos de infortúnio para passar aos de boa fortuna, alguém perde um emprego e não consegue se recolocar; uma noite, janta em casa de amigos, conhece alguém que lhe fala de novos rumos e descobre uma nova vocação. Dei exemplos radicais, mas coisas assim acontecem todos os dias. Somos bafejados pela sorte ou pelo azar e fazemos nossos cálculos: aí estão fortuna e *virtù*, e esses dois pelejam o tempo todo; o que conseguimos é uma mescla, sempre instável, de um e outro.

Que tem o futebol a ver com isso? Tudo. Raros objetos são tão esquivos, tão fugidios quanto a bola. Ela quica, numa adaptação curiosa do verbo inglês *to kick*, que significa usar o pé, ou pés, para chutar (palavra que, por sua vez, vem do inglês *to shoot*). Mas vejam a mudança: *to kick* descreve uma ação do jogador, enquanto "quicar" se refere ao movimento da bola. O jogador chuta, numa reação elaborada ao longo de anos de treino e luta, para acertar a meta. Já a bola "bate e volta", como explica o *Houaiss* no verbete "quicar", afetada pelo gramado, o vento, sabe-se lá o que mais. *To kick* é *virtù*. Quicar é fortuna. *To kick* é verbo transitivo direto, tendo um sujeito humano — o jogador — e um objeto que é a bola. Quicar é intransitivo, sendo que seu sujeito é a própria bola. Na passagem do inglês para o português, fomos da ação deliberada, com um sujeito que planeja e age, para o azar de um objeto tornado sujeito, que assim adquire vida própria, furtando-se ao que o jogador almejava.

As mãos são melhores do que os pés para imprimir movimentos seguros. Com a mão, sintonizamos melhor direção e distância. O pé é mais forte, sim, mas chutar é uma arte difícil. Jogar com maestria usando os pés é uma proeza. Um esporte com os pés exige mais do que se usasse as mãos. Assim, quando um país adota o futebol como esporte de sua identidade nacional, quando o mundo o eleva a modalidade esportiva dominante, país e mundo escolhem uma tarefa, uma missão difícil, nobre: talhar um membro para a atividade à qual não é o mais adequado, alçar pela dificuldade os membros inferiores a uma condição superior. O mundo vira de cabeça para baixo, o pé domina, como naqueles mapas renascentistas em que o Sul está acima e o Norte, abaixo. É como o orador ateniense Demóstenes, que venceu a gagueira não facilitando, mas dificultando seus exercícios: para potencializar o desafio, ele enchia de pedrinhas a boca. O futebol, além de lidar com variáveis sobre as quais o controle é, por princípio, impossível (as da fortuna), dificulta aquilo que seria mais passível de planejamento e deliberação — usando os pés em vez das mãos. Acentua a fortuna para exigir mais da *virtù*.

"Meter os pés pelas mãos" é uma expressão corrente nossa para indicar o máximo da inabilidade. Não é fascinante que os brasileiros, tendo esse provérbio, queiram ser hábeis usando os pés e não as mãos? Nossa identidade nacional — "a pátria de chuteiras" — está nessa vontade de que meter os pés pelas mãos dê certo, dê muito certo, leve ao triunfo. A ambição é alta. Ainda mais porque, pelo menos até hoje, quando se pensa no país mais identificado com o futebol, se elege o Brasil.

Que, deliberadamente, escolhe o difícil. A cada partida entram em campo não só dois times, mas a *virtù* e a fortuna. Um gol — ou uma defesa — geralmente é uma vitória da *virtù* sobre a fortuna.

Muitos viram a goleada da Alemanha sobre a seleção brasileira como uma vitória da técnica sobre a intuição, ou talvez da *virtù* sobre a fortuna. Discordo desse exercício de amesquinhamento do Brasil. Do esporte que foi bretão, nunca se exclui a fortuna. Os seis minutos cruciais em que se apagou a nossa estrela (lembro que a fortuna é da família da astrologia) poderiam não ter ocorrido daquele jeito. Cada vez que um gol é anulado, ele não se repete. Foi perdido para sempre. É claro que devemos investir mais na *virtù*, aprimorar pontos falhos. Mas um jogo de futebol é sempre uma encenação do drama principal do poder, em que a ação deliberada do homem confronta o acaso da grama, do ar, do clima. Um campeonato de futebol é um drama do poder, em vários atos. Hoje, quando cada um de nós se sente livre — e inseguro — como o príncipe de Maquiavel para lidar com o mundo, sem ter mais o amparo dos velhos referentes, uma partida serve de metáfora da vida, de continuação desse combate que o homem trava para governar o destino, esse drama de Sísifo que nunca vencemos de todo, que, no final, sempre perdemos, mas que é imperioso travar.

Finalmente: nesse drama, não cabe retranca. A defesa fere o princípio mesmo do futebol — que é o ataque. Se quiser mostrar *virtù*, trate de atacar.[3] Isso, aliás,

3. A certa altura do capítulo XXIV — o que trata de *virtù* e fortuna, portanto, em nossa leitura, o mais importante de *O príncipe* —,

é Maquiavel puro: na indecisão entre a cautela e o arrojo, escolha este último.

Começar pelo futebol nossa discussão sobre a capacidade do ser humano — ou do líder — de controlar as flechas da fortuna suscita uma questão importante: deveríamos distinguir, na virtù, *nas palavras de Peter Burke, "o planejamento para o futuro e a resposta rápida, imediata a problemas do momento, inclusive a decisões tomadas por inimigos, rivais...".*[4] *Ora, uma partida de futebol não tem tempos mortos; a qualquer momento, pode se jogar a decisão. Ou melhor, quando olhamos em retrospecto, vemos tempos mortos até mesmo longos; por isso, assistir à reprise de um jogo é tão sem graça, enquanto ao vivo o suspense nunca sai de cena. A bola pode estar parada, as atenções fora de foco, e, de repente, um jogador marca um gol — ou a própria bola o faz, difícil saber; o que para um príncipe, um governante se dá no longo tempo, no estádio acontece no tempo condensado, concentrado de uma partida. O futebol, assim, não fornece apenas a metáfora para* virtù *e fortuna na disputa política: ele é uma excelente pedagogia para quem deseja, das ameaças da fortuna, extrair o elixir da* virtù.

Maquiavel diz que, em caso de dúvidas, é melhor o arrojo, o ataque, do que a cautela, a defesa. A audácia favorece os jovens, diz ele.

4. Em carta, na qual comentou este livro na fase de manuscrito. Agradeço a ele e a Maria Lúcia Pallares-Burke a leitura atenta e as sugestões.

Os tempos da legitimidade

Uma grande questão que Maquiavel traz à cena é o advento do novo. Assim, ele rompe com uma ideia de legitimidade fundada na continuidade ao longo do tempo. Bem no começo de *O príncipe*, a obra que mais lhe deu fama[1], ele distingue repúblicas e monarquias e, no meio destas, as que são novas e as antigas. Depois de passar rapidamente pelas consagradas pelo tempo, ele mostrará que seu interesse maior é nos principados novos. Seu tema é o que hoje chamaríamos de a *construção* de uma *legitimidade*. Construção porque ela não está dada. Legitimidade porque esse é o sentimento que faz

1. Maquiavel tem várias outras obras importantes, desde os *Discursos*, tratado mais longo sobre as repúblicas, até peças de teatro e narrativas; mas, não fosse o livro *O príncipe*, não teria alcançado a fama que obteve. Foi contemporâneo de grandes pensadores, mas tomemos um deles, Francesco Guicciardini: é conhecido dos especialistas, mas não de um público mais amplo. Penso que uma questão decisiva sobre qualquer filósofo é: quais obras ou teses fizeram com que ele fosse quem foi? Por mais criativo que tenha sido, é provável que sua essência resida em algumas teses originais e relevantes. Nunca devemos — penso eu — esquecê-las ao lê-lo.

uma sociedade aceitar um governante. Então, antes de falarmos de novas ideias de legitimidade — especialmente na democracia, na qual o novo se constitui como legítimo —, vamos percorrer a legitimidade como foi entendida por muitos séculos. Este capítulo mostra *contra o que* o pensamento de Maquiavel se forma, ou, melhor dizendo: contra o que *nosso uso de Maquiavel*, aquilo que o torna *vivo*, se dá.

Poderíamos comprar a legitimidade pelo seu valor facial. Nesse caso, é quase certo que falaremos do direito divino dos reis. Seu mais conhecido teórico no Ocidente foi o rei Jaime VI da Escócia, num livro de 1598, cinco anos antes de se tornar soberano da Inglaterra e de assumir o nome de Jaime I daquela nação, pelo qual é mais conhecido.[2] A ideia é que Deus escolheu quem há de reinar. A primogenitura dentro da linhagem serve de sinal da escolha divina. Jaime sabe bem que, em certos casos, a eleição divina não premiará o mérito, selecionando alguém que é injusto ou incompetente. Para explicar isso, ele se vale de uma passagem curiosa, que é o momento em que o povo de Israel, então governado por juízes, de poder limitado, pede ao último deles para ter

2. Em 1598, Jaime VI publica sua *True Law of Free Monarchies*, "a verdadeira lei das monarquias livres", entendendo por monarquias livres aquelas em que o monarca é livre, não o súdito. Embora já na Antiguidade ocorresse de o rei ser declarado deus — o que acontecia, por exemplo, com vários dos imperadores romanos, ou em vida, ou logo depois de morrerem —, a ideia de que o monarca é instituído por Deus, sendo seu representante na Terra, tem, nesse livro, sua melhor expressão conceitual. Ao contrário do que alguns pensam, o direito divino dos reis é uma tese moderna, mais do que medieval — assim, aliás, como o absolutismo.

um rei. Instruído por Deus, Samuel lhes diz, em palavras mais delicadas do que as minhas, que um rei levará os súditos para suas guerras e as mulheres, para sua cama. Eles concordam: é isso o que querem. Ou seja, foram alertados sobre os abusos da realeza absoluta, e ainda assim a aceitaram. Essa passagem, que poderia sustentar uma fundamentação humana, popular, da realeza absoluta aparece como uma contraprova, não como a prova fundamental, do direito divino. Ela é um corolário, não a fundação: o próprio povo acatou o rei injusto. Ninguém do povo pode reclamar dos abusos, nem mesmo dos piores. O rei foi instituído por Deus (a tese), e o povo aceitou seus excessos (o corolário).

O importante é que Jaime, assim, quebra a temática medieval do rei justo ou bom, que permitiria destituir e até matar o monarca injusto ou mau (a questão, tão discutida em sua época, do tiranicídio).[3] Sempre há que se obedecer. E, se a escolha divina se der em favor de alguém mau, entram duas explicações, mais antigas do que o rei Jaime: a primeira é a de que estamos sendo punidos por nossos pecados; a segunda, de que, se formos boníssimos e ainda assim sofrermos em mãos de um monarca mau, Deus estará pondo à prova nossa fé,

3. Há uma discussão importante a respeito (ver o tratado huguenote *Vindiciae contra tyrannos*, sem autor conhecido, de 1579, e o *De rege et regis institutione*, do jesuíta Juan de Mariana, que data de 1598). Mas a questão não é apenas teórica: também ocorrem regicídios importantes, obviamente defendidos sob o nome de tiranicídios, entre eles o de Henrique III de França, em 1589, e de seu sucessor Henrique IV, em 1610.

como se lê desde o Livro de Jó, das escrituras hebraicas incorporadas pelo cristianismo.

Quando, um século e meio depois de Maquiavel, Thomas Hobbes — pensador quase tão odiado quanto o primeiro pela *doxa* que prevaleceu no pensamento político liberal do Ocidente — tratar da Revolução Inglesa de 1640, ele assim abrirá a discussão sobre esse movimento:

> A. No ano de 1640, o governo da Inglaterra era monárquico, e o Rei que governava, Carlos, o primeiro deste nome, detinha a soberania por um direito de sucessão que perdurava havia mais de seiscentos anos; também era Rei da Escócia, em virtude de uma sucessão ainda mais antiga, e, desde o reinado de seu ancestral Henrique II, Rei da Irlanda: um homem que não carecia de virtude alguma, seja do corpo, seja do espírito, e nada mais buscava, além de cumprir seu dever perante Deus, no bom governo de seus súditos.
>
> B. Como foi possível então que o Rei malograsse, se dispunha em cada condado de tantos soldados treinados que formariam, reunidos, um exército de 60.000 homens, e de vários depósitos de munição em locais fortificados?[4]

Destaco aqui três pontos: primeiro, a linhagem. Carlos descende de "mais de seiscentos anos" de reis ingleses

4. T. Hobbes, *Behemoth ou o longo parlamento* (diálogo I), trad. Eunice Ostrensky, Belo Horizonte, Editora UFMG, 2001.

(na verdade, um pouco menos: quando começa a "Grande Rebelião", faltam 24 anos para que se completem seis séculos da conquista normanda de 1066). Ora, esse argumento não remete a Deus, mas apenas ao hábito, à história, ao fato (discutiremos adiante como se passa do fato ao direito, ou como este é mais do que aquele).

Segundo ponto: Hobbes acrescenta que Carlos I era um rei com todas as virtudes — um *rex justus*, portanto. Um rei, diríamos, que se encaixa perfeitamente no figurino medieval cristão: "Nada mais buscava, além de cumprir seu dever perante Deus, no bom governo de seus súditos." Mas isso não lhe adiantou.

O personagem B, a quem falta conhecimento factual, mas sobra capacidade de questionar, pergunta, então, o que pode ser considerado um terceiro ponto: como o rei perdeu a guerra se tinha do seu lado a força? Note-se que, na sequência de argumentos, nunca entra em cena o direito divino — que Hobbes recusa —, mas, sucessivamente, a longevidade da dinastia, as qualidades do rei e, no final, a força. Contudo, quando, logo depois disso, Hobbes elencar diversos motivos para o enfraquecimento da obediência ao rei, eles gravitarão em torno da *opinião*. Ele mostrará como vieram a prevalecer opiniões, várias, que corroíam o poder real. Opinião, no caso, é a transformação do sentimento em palavras, em ideias. É ela que debilita principados antigos ou consolida novos. No *Leviatã*, aliás, dirá Hobbes que há "doutrinas" que sustentam ou perturbam a obediência ao soberano. Doutrinas são conjuntos de opiniões, não necessariamente verdadeiras, nem mesmo consistentes — mas influentes, sim. Derrotam a tradição, o rei bom, a força bruta. O que manda no mundo é a opinião. A legitimidade decorre dela.

◎ ◎ ◎

O príncipe novo rompe com a norma das monarquias históricas. Em princípio, no mundo ocidental, elas se baseiam na hereditariedade.[5] A sucessão passa de pai para filho, o mais velho precedendo o mais novo, a mulher sendo excluída ou, pelo menos, preterida caso tenha irmão varão. Há também regras para o caso de não haver filho — ascenderá ao trono o parente mais próximo do monarca falecido.[6] É isso o que sustenta a ideia de *legitimidade*.

É verdade que o princípio hereditário demora a se firmar. Até o século XIII, mais ou menos, vários reis tratam de coroar seu filho mais velho enquanto ainda estão vivos, criando a figura do "rei moço".[7] Ele não exerce o

---

5. Desenvolvo o que consta dos dois parágrafos seguintes em meu *Ao leitor sem medo: Hobbes escrevendo contra o seu tempo*, em especial o capítulo III, "O direito a viver — ou os homens femininos" (2. ed., Belo Horizonte, Editora UFMG, 2003).

6. Quando morre Guilherme IV do Reino Unido, em 1837, e sua sobrinha Vitória é proclamada rainha, na proclamação é feita a ressalva de que ela perderá o trono caso se descubra que a viúva do falecido rei ainda dê à luz filho (ou filha) do monarca. A rainha viúva Adelaide tinha 44 anos à época e era pouco provável que estivesse grávida, como de fato não estava.

7. Georges Duby, em seu admirável *Guilherme Marechal: o melhor cavaleiro do mundo* (trad. Renato Janine Ribeiro, Rio de Janeiro, Graal, 1988), mostra como o rei Henrique II da Inglaterra fez coroar seu filho, também chamado Henrique, estando ele ainda vivo.

poder, mas seu título significa que os grandes do reino o aceitam. Isso, muitas vezes, se expressa na fórmula de que *eligimos* um rei, literalmente "elegemos como rei", mas a expressão não implica que tenha ocorrido uma verdadeira eleição entre vários candidatos, apenas que o herdeiro do monarca reinante foi *aceito* pela alta nobreza, pelos potentados do reino. É uma forma de fortalecer o fato hereditário da sucessão, justamente porque esse fato ainda não se tornou lei. De todo modo, a sucessão começa mais ou menos eletiva e depois se torna hereditária, com exceção dos títulos de imperador e papa, além de algumas raras monarquias que mantêm a eleição, como a da Polônia.

Legitimismo não se confunde com absolutismo ou poder absoluto. Aliás, nem mesmo o rei absoluto pode alterar a ordem de sucessão ao trono, sendo esse um dos poucos limites a seu poder no período histórico conhecido como absolutismo. Luís XIV, o paradigma de monarca absoluto, ao ver que estão morrendo todos os seus descendentes legítimos, com exceção de um menino doentio, tenta incluir dois de seus filhos ilegítimos na ordem sucessória. O Parlamento de Paris — um órgão judicial e não legislativo — se insurge contra medida tão destoante das leis *não escritas* da monarquia e se nega a registrá-la. O rei a impõe, assim mesmo, numa

O objetivo das coroações desse tipo era assegurar que a alta nobreza se comprometesse a respeitar a sucessão, que ainda não estava consolidada como hereditária. De todo modo, o rei moço — também chamado Henrique — morreu antes do pai. Detalhe: esse rei filho não é Henrique III; mesmo tendo sido proclamado e coroado, não recebeu um numeral e não aparece nas listas dos reis ingleses.

cerimônia chamada *lit de justice*, em que ele fica deitado numa cama (*lit*) enquanto seu chanceler lê sua ordem. Em vão: poucos dias depois da morte de Luís XIV, seu sobrinho, o príncipe regente, consegue sem dificuldades que o Parlamento invalide o testamento real. A tentativa de Luís XIV, na verdade, se mostrou desnecessária: a criança doentia assumirá o trono com o nome de Luís XV, mas ela indica que o Rei Sol fracassou em seu principal intento, que era o de mudar a ordem legal para garantir um descendente seu, *mesmo ilegítimo*, no trono. O absolutismo perdeu a batalha para a legitimidade.

O absolutismo, que, a partir de Luís XIV, foi um sonho de vários monarcas europeus por século e meio — de meados do Dezessete até a Revolução Francesa —, ainda que temperado a partir de certo momento por uma modalidade distinta de poder, o despotismo ilustrado, atribui a plenitude de poder ao soberano *atual*. Já o legitimismo limita essa *plena potestas*, negando ao monarca o direito de violar certas leis que são consideradas formadoras da constituição mesma do reino. Destacam-se, entre elas, a sucessão ao trono, que não pode fugir ao princípio hereditário (o que significa, além da exclusão dos bastardos, uma ordem prescrita de sucessão), a preservação do patrimônio real (em princípio, as terras que pertencem ao rei) e algumas outras leis básicas do reino, que parecem tanto mais importantes quanto menos conhecidas ou mais vagas. O absolutismo realça o presente, o legitimismo ressalta a linhagem — e, portanto, introduz esses dois enormes indeterminadores que são o passado e o futuro.

Do futuro, por definição, não se sabe. Já o passado é tanto mais valioso quanto mais antigo, ou seja, quando se ingressa num tempo sem registros históricos. Maurice Druon, a certa altura dos romances que foram sua série *Os reis malditos* (1955-1977), comenta que era costume na época de sua narrativa — o século XIV francês — fazer com que eventos importantes, além de serem postos por escrito, fossem testemunhados por crianças, obviamente da alta aristocracia: para que elas se lembrassem bem do que foi acordado, recebiam um presente valioso ou uma bofetada, ou as duas coisas. O que assim se procurava era assegurar a memória.

Nietzsche, aliás, na *Genealogia da moral* (1887), diz que, para construir a memória — essa articulação entre o passado, que se recorda, e o futuro, que ela determina, que ela, para usar o termo da computação, *programa* —, foi preciso marcar a ferro em brasa, no sentido próprio ou figurado. Fazer sofrer — esbofeteando uma testemunha, por exemplo — é condição para sair do presente e entrar na temporalidade continuada. Volto ao ponto de que as leis básicas são tanto mais fortes quanto menos documentadas. Perdem-se na noite do passado. Há estudiosos da nobreza, na França, que afirmam que os primeiros documentos conhecidos de enobrecimento por decisão régia datam de 1270; isso significa, supõem alguns ousadamente, que, se soubermos de alguma nobreza mais antiga, será uma nobreza "desde sempre", cujo *status* precederia a vontade do rei e, portanto, a limitaria.

Num sentido próximo, em *A ilustre casa de Ramires* (1900), de Eça de Queirós, o personagem central, o covarde Gonçalo Mendes Ramires, finalmente cria vergonha na cara e cessa de citar os ancestrais para assumir a coragem que eles teriam. Diz então, ao saber que o rei pensa dar-lhe um título de nobreza:

> Ainda não havia reis de Portugal, nem sequer Portugal, e já meus avós Ramires tinham solar em Treixedo! Eu aprovo os grandes dons entre os grandes fidalgos; mas cumpre aos mais antigos começarem. El-rei tem uma quinta ao pé de Beja, creio eu, o Roncão. Pois diz tu a el-rei, que eu tenho imenso gosto em o fazer, a ele, marquês do Roncão. (cap. XI)

Evidentemente é uma *boutade*, uma frase de efeito. Mas ela mostra bem como a legitimidade se burla dos poderes presentes. O momento atual não passa de um instante espremido entre o passado e o futuro. Daí, aliás, a importância da *linhagem*. O rei presente é apenas um representante dessa família, dinastia, linhagem, e os nascimentos que levam alguém ao trono, por ser primogênito, ou varão, ou por esgotamento da linha direta de sucessão, são sinais da escolha divina.

Ao contrário, o que quer Maquiavel é construir uma nova legitimidade, legitimar o novo.[8] Legitimar significa então: dar razões — ou alegações — fortes para obedecer, motivações ou alegações que extrapolem a

8. A palavra *legitimidade* e seus compostos, aqui, são de minha responsabilidade.

prudência, o fator racional, e se ancorem em algo tão poderoso quanto um passado que se perca nas trevas da história, ou mesmo da pré-história (imaginariamente, pelo menos).[9] Como agirá um príncipe para emancipar-se da mácula que é a novidade? Ou daquela que é a vitória pela fortuna? Ou devida às armas alheias? Note-se que, nesses três casos — novidade, fortuna, dependência de outrem —, que cobrem a maior parte de *O príncipe*, há um déficit de legitimidade, isto é, de obediência devida. Toda a discussão de nosso autor passará pelos meios de consolidar esse poder, o que só se conseguirá fazendo os súditos reconhecerem o direito do governante a ele.

Por isso mesmo, qualquer ideia de que o poder se reduza à força, ou de que os fins justifiquem os meios, está errada, no caso de Maquiavel. A força não basta, porque não garante o futuro. Rousseau o expressará muito bem na obra *Do contrato social*:

> [...] tão logo seja a força a que faz o direito, o efeito muda com a causa; toda força que sobrepuja a primeira sucede a seu direito. Assim que se possa desobedecer impunemente, pode-se fazê-lo legitimamente, e, uma vez que o mais forte sempre tem

9. O melhor caso talvez seja o da suposta origem dos imperadores do Japão, de que todos eles descenderiam da deusa do sol, Amaterasu. Penso que nenhum outro monarca moderno reivindicou origem tão antiga.

> razão, trata-se de cuidar de ser o mais forte. Ora, que é isso senão um direito que perece quando cessa a força?[10]

Penso que Maquiavel assinaria embaixo, em que pesem as discordâncias entre ele e Rousseau.

Na monarquia, o príncipe novo é uma exceção — tanto que Maquiavel se refere mais à Itália do que a países que conservam a mesma dinastia há muito tempo. Na península, em sua época, os governos não duravam demasiado. Príncipes eram trocados, alternavam-se república e monarquia. Sua Florença é um exemplo das duas coisas. No restante da Europa, a estabilidade é bem maior.

A meta de todo governo é controlar o futuro. A sucessão ao trono é a forma que esse controle assumia nas monarquias antigas, que hoje chamaríamos de ditaduras, porque nelas valia o ditado segundo o qual "o que apraz ao príncipe tem força de lei" — *quod principi placuit habet vigorem legis*, também traduzido como o bel-prazer do príncipe.[11]

---

10. J.-J. Rousseau, *Do contrato social*, livro I, trad. Rolando Roque da Silva, cap. III, ed. eletr., 4 jan. 2002. Disponível em: http://www.dhnet.org.br/direitos/anthist/marcos/hdh_rousseau_contrato_social.pdf. Acesso em: 23 ago. 2021.

11. Não devemos entender *bel-prazer* ao pé da letra, no sentido de que o rei atuava somente pelo prazer. Isso vale, sim, para o déspota de Montesquieu, que vive dos prazeres que lhe proporcionam seus cinco sentidos e delega toda a atividade séria de governo ao grão-vizir. Na Europa da época, bel-prazer significava apenas que o rei não precisava dar satisfação ou justificativa de seus atos a ninguém. Contudo, Louis Althusser, em seu ensaio *Montesquieu,*

Mas o controle sobre o futuro será diferente, conforme falemos de monarquias/ditaduras ou de democracias. No regime monárquico, vimos que a legitimidade pertence à linhagem. O rei de plantão pode ter muito poder

la politique, l'histoire, sustenta que o déspota de Montesquieu é um codinome para o rei absoluto: ao atacar o sultão oriental, esse pensador estaria visando, na verdade, os reis que tentavam governar sem corpos intermediários, como os judiciais, tal o Parlamento, ou a própria nobreza.

Na mesma linha, Peter Burke afirma, num ensaio recente: "Na Europa renascentista, alguns reis que não escolheram exercer o poder, mas simplesmente o herdaram, não tinham muito interesse em acumular informações sobre seus reinos. Preferiam ir à caça. De fato, quando diplomatas estrangeiros queriam discutir alguma questão importante com o monarca, muitas vezes precisavam procurá-lo na floresta. Pode-se dizer que os governantes tomavam as decisões políticas nos intervalos entre as caçadas" (P. Burke, "Ignorância na política", *piauí*, n. 168, set. 2020. Disponível em: http://piaui.folha.uol.com.br/materia/ignorancia-na-politica/. Acesso em: 23 ago. 2021). O comentário de Burke parece explicar por que Luís XVI, no dia 14 de julho de 1789, enquanto caía a Bastilha, anotava em seu diário: "Nada." Na verdade, era um diário de caça, portanto a entrada se justificava: ele queria dizer apenas que, naquele dia, não matara nenhum animal. Mas, se os reis davam à caça tanta importância assim (e dizia a Bíblia que Nemrod era "poderoso caçador diante do Senhor" [Gênesis, 10:9], de modo que a caça funcionava como treino ou metáfora para a guerra), o comentário do rei pode ser entendido como a ruína de uma monarquia que não vai mais caçar, que não vai mais reinar. A conversão do bel-prazer clássico, jurídico, entendido como desnecessidade total de o príncipe justificar os seus atos, em prazer físico representa uma desqualificação do regime em questão. Exemplo adicional disso é a difusão de relatos sobre o parque dos Cervos, onde se localizava o harém de Luís XV, por ocasião da Revolução Francesa. Pouca coisa distinguirá esse rei do sultão otomano se o seu maior prazer é o sexual, e sua própria amante *en titre*, a marquesa de Pompadour, reúne as mulheres que lhe servirão na cama. Termina de se desmantelar a fundação moral do Antigo Regime.

— inclusive acreditá-lo absoluto —, mas a legitimidade é dinástica, não pessoal. Deriva do tempo passado e se projeta no futuro. Já na democracia, a legitimidade precisa ser revista periodicamente. A cada tantos anos, expira o mandato do governante. Nova eleição legitima seu sucessor, que pode ser ele próprio, seu candidato ou um opositor. Ou seja, a democracia é o contrário da monarquia hereditária, e isso justamente porque nesta última a legitimidade era almejada como definitiva, enquanto nos acostumamos a uma legitimidade com prazo de validade. Claro que o governante — mesmo democrático — quer tornar este presente duradouro, assegurando um domínio de longo prazo (os “vinte anos” que, segundo Sérgio Motta, ministro de Fernando Henrique, cobririam o projeto de governo do PSDB), mas que precisa ser constantemente renovado, e pode perfeitamente não o ser.

Se o principado novo de Maquiavel anseia apagar sua novidade, equiparando-se aos antigos, o governo democrático não tem como fazer isso. Sim, o governante democrático pode muito bem querer essa continuidade, mas só há democracia *se não houver garantia* de sequência: se prevalecer o risco de que, a qualquer tempo, o poder mude de mãos.

O príncipe, novo ou antigo, faz de tudo para garantir o poder a seus descendentes, enquanto o governante eleito sabe que tal garantia lhe é impossível; mas, embora todos eles *desejem* algo parecido, os governantes novos têm uma diferença específica, crucial: uma forte insegurança. O desafio para eles é superá-la.

Por isso, o governante novo tem de fazer valer a *virtù*. Todo e qualquer governante tem a mesma necessidade

— mostrar a máxima *virtù* possível, derrotar a fortuna —, mas essa necessidade aumenta se ele é novo. Por isso, na democracia, exige-se mais do governante do que na monarquia/ditadura. Nesta última, a necessidade de se legitimar ocorre, idealmente, uma só vez; na prática, de vez em quando. (Em quase oitocentos anos de monarquia, três vezes em Portugal; em quinhentos anos, uma vez na Espanha, talvez duas[12]; em quase mil anos, quatro vezes na Inglaterra.) Quem precisa fazê-lo é o fundador da dinastia, pelo menos em princípio. Já na democracia, a necessidade de se legitimar é interminável. Nunca se conclui.

◎ ◎ ◎

Recorro aqui a um exemplo de extraordinária dificuldade de legitimação dinástica: o caso dos Tudors. Os Tudors constituem quase uma exceção em meio às dinastias, porque quase nunca se sentiram estáveis em sua legitimidade — talvez apenas no final do reinado de

12. Duas mudanças na Espanha, se considerarmos que a sucessão a Fernando e Isabel, unificadores do que hoje se chama Espanha, significou a passagem a outra dinastia, os Habsburgos (ou Áustrias, em espanhol); uma, se entendermos que a transmissão da coroa a Carlos V, neto de ambos, representou uma continuidade. Já na Inglaterra, estou supondo que a Guerra das Rosas se dá dentro da mesma dinastia, os angevinos, também conhecidos como Plantagenetas. As dinastias portuguesas são Borgonha, Avis, Filipina e Bragança. As espanholas, os Áustrias e os Bourbons. As inglesas, os normandos, angevinos, Tudors, Stuarts e, depois, os Hanovers, que, em 1916, devido à Grande Guerra, mudaram de nome para Windsor.

Henrique VIII, quando ele teve um filho varão, o qual, no entanto, morreria bem moço.

Henrique VII, que sobe ao trono depois de vencer Ricardo III, morto no campo de batalha em 1485, tem título precário à coroa. Seu filho e sucessor, Henrique VIII, será obcecado pelo medo de sua dinastia acabar. Se o pai havia mandado executar alguns parentes mais legítimos do que ele próprio, o filho radicalizará essa prática, ordenando matar todos os que, a seu ver, ameaçam seu governo e sua sucessão. Mas esta continua ameaçada. De sua esposa, tem apenas uma filha a sobreviver, a futura rainha Maria. Apesar de a Inglaterra não proibir a sucessão feminina, ao contrário da França, onde, desde o século XIV, mulheres não herdam nem transmitem o direito de herdar — e embora na Guerra dos Cem Anos a pretensão dos reis ingleses ao trono francês se baseie justamente na reivindicação do direito delas a herdar ou a transmitir tal direito —, o fato é que uma mulher rainha não é algo seguro. Daí o rei procurar soluções alternativas. Uma seria legitimar seu bastardo, Henrique Fitzroy (cujo significado é "filho de rei"), o que é tão ou mais absurdo do que anular o casamento com a rainha Catarina de Aragão. Outra, que acaba prevalecendo, é mudar de esposa, o que ele faz seguidas vezes, até ter um filho varão — e continua fazendo depois, porque, para assegurar a dinastia, seria prudente contar com vários homens na linha sucessória.

Por que essa história nos interessa? Porque a mancha de origem — o fragílimo título dos Tudors à coroa — perdura. Os dois Henriques exterminam os Plantagenetas, a família real anterior, cuja divisão entre Yorks e

Lancasters levara à Guerra das Rosas, à morte de muitos deles, e, finalmente, dado o impasse entre os primos, à ascensão do quase *tertius* que foi o conde de Richmond, com o nome de Henrique VII. (Veremos, neste livro, outros casos de impasses que dão o poder a um terceiro, desprovido de força própria.) Assim, quando Henrique vai casar seu primogênito, Artur, com a filha de Fernando de Aragão e Isabel de Castela, os Reis Católicos de Espanha, estes exigem a execução de Eduardo Plantageneta, o jovem conde de Warwick, já aprisionado na Torre de Londres desde os dez anos de idade, para ter a certeza de que a filha Catarina estará se casando com um futuro rei. (Artur também morre, e Henrique VIII a desposa). A história de amor entre o segundo rei Tudor e Ana Bolena, sempre contada como um caso de paixão e desejo sexual, na verdade só faz sentido porque o rei quer — ou precisa — ter um filho varão, que sua primeira esposa, mais velha que ele, agora dificilmente lhe dará. Bolena será executada não apenas por ser independente demais para o gosto do marido, por ter o que se chamaria um gênio ruim, mas porque tampouco lhe dá um filho homem. Se o tivesse dado, duvido que fosse ela executada, e, mais ainda, que o rebento masculino dessa união — a futura rainha Isabel, ou Elizabeth I — fosse declarado bastardo.

Esses episódios sucessivos mostram a dificuldade de se legitimar uma dinastia nova. Henrique VIII adotará a estratégia dupla de matar possíveis aspirantes ao trono e de casar-se serialmente, o que também o leva a executar duas de suas seis esposas, Ana Bolena e Catarina Howard. Assim, na própria monarquia, a legitimidade não é algo dado. O segundo Tudor foi o rei inglês com mais poderes ao longo da história. O Parlamento, além de reconhecê-lo como chefe da Igreja anglicana, até lhe concede o direito de designar seu sucessor em testamento[13], rompendo com um princípio básico da monarquia — curiosamente, o mesmo direito que Luís XIV, mais tarde, tentaria obter, em vão, como já mencionamos (com a diferença de que na Inglaterra o Parlamento era um órgão legislativo, enquanto seu homônimo francês tinha papel judiciário). É assim que o rei, sem legitimar as duas filhas que haviam sido declaradas bastardas, as nomeia sucessoras em seu testamento, caso seu filho, o futuro Eduardo VI, morra sem filhos, o que de fato aconteceu: Maria, e depois Elizabeth, subiram ao trono.

Problema análogo se produzirá no reinado de Elizabeth I. Uma rainha, por direito próprio, se defrontava com uma questão essencial: para ela ter filhos e dar sobrevida à dinastia Tudor, precisaria casar-se; ora, com quem? Se escolhesse um igual, teria de ser um príncipe estrangeiro, e assim a Inglaterra se tornaria dependente de escolhas políticas que não seriam suas. Foi o que aconteceu com sua irmã mais velha, Maria, que, desposando Felipe II de Espanha, fez de seu país um quase protetorado espanhol. Elizabeth não desejava isso. A alternativa seria casar-se com um súdito, o que, no entanto, elevaria a família dele ao *status* real. De todo

13. Terceira Lei de Sucessão, datada de 1543, conhecida legalmente como 35 Henry 8 c. 1, o que significa a primeira lei votada no 35º ano do reinado de Henrique VIII. As partes principais dessa lei podem ser lidas em: http://www.luminarium.org/encyclopedia/actsuccession3.htm.

modo, os Tudors se submeteriam, quer a uma família estrangeira, quer a uma inglesa. Nos dois casos, é provável que a dinastia deixasse de ser Tudor para assumir o nome da família do marido.

Vários séculos depois, quando a futura Elizabeth II ficou grávida, seu marido, Philip, envidou esforços para que seu sobrenome, Mountbatten, se tornasse o sobrenome de seus filhos, substituindo ou sobrepujando o Windsor, que é o nome da dinastia britânica.[14] Não obteve sucesso, mas, na época da primeira Elizabeth, quando o papel das mulheres era bem inferior ao atual, o casamento inevitavelmente acarretaria uma subordinação da mulher ao marido: não só os sucessores da rainha deixariam de se chamar Tudor, como eles também mandariam na esposa e, portanto, no reino. Ao decidir não se casar, ao deixar um enorme suspense sobre sua sucessão, ao anunciar apenas em seu leito de morte que desejava ser sucedida por seu primo, o rei da Escócia, Elizabeth operou um jogo hábil, permitindo que seu longo reinado não apenas fosse um sucesso — derrotando a ameaça papista —, como também fosse lembrado como tal.

Ela reduziu os danos: uma vez que, de qualquer forma, sua dinastia terminaria com ela, pelo menos garantiu que seu reinado inteiro fosse seu, não de um marido impertinente. Dada a condição feminina na época — totalmente diferente da que viveria, bem mais tarde, outra rainha longeva, Vitória —, o casamento lhe tiraria

14. Esse episódio é brilhantemente dramatizado na série *The Crown*, primeira temporada, terceiro episódio, "Windsor" (direção de Philip Martin, 2016).

o poder régio; então, conseguiu mantê-lo, pela duração de seu reinado, ainda que sacrificando seu futuro.[15]

Uma contraprova se encontra na trágica história do segundo casamento de sua prima, Maria Stuart, rainha da Escócia, que, por sinal, a própria Elizabeth aprisionaria e, finalmente, mandaria executar. Viúva do jovem rei da França, a rainha moça se casa, ao voltar para a Escócia, com lorde Darnley. Ele é apenas rei consorte, mas quer mandar nela e no reino, o que os indispõe e culmina no assassinato dele, em circunstâncias que depõem contra a imagem da rainha, levando à sua destituição e seu exílio. Elizabeth deve ter visto, na má sorte da prima, uma imagem dos riscos que ela mesma correria se se casasse com um súdito; já os perigos do casamento com um príncipe estrangeiro, ela presenciou diretamente, enquanto sua irmã mais velha esteve casada com o herdeiro da coroa espanhola.

Assim, mesmo nas monarquias/ditaduras, a legitimidade pode demorar a ser construída — e, mesmo depois de um longo tempo, ainda está em risco, porque a sucessão ao trono precisa ser assegurada. A rigor, o caso Tudor é excepcional; somou quatro problemas: a ascensão de um rei de legitimidade mais que duvidosa; as dificuldades de todos os seus sucessores para gerar um herdeiro; a ruptura com a Igreja católica, que tanto conferiu ao monarca poderes que ele não tinha antes quanto suscitou revoltas populares, amplo descontentamento e uma

15. Sacrificando-o apenas em certa medida. A sucessão Stuart foi articulada pelo ministro mais próximo da rainha, Robert Cecil, que manteria seu cargo após a ascensão de Jaime I.

possível deslealdade na nobreza; a sucessão por duas princesas, ambas previamente declaradas bastardas. Mas, por isso mesmo, ele aponta quanta *virtù* precisaram mostrar, e de fato mostraram, os dois Henriques e, depois, Elizabeth. (Eduardo VI reinou muito brevemente. Sua sucessora imediata, Maria, dita a Sanguinária, não teve *virtù*. Não por acaso, nenhum desses dois monarcas garantiu o futuro de sua fé religiosa. Ambos foram sucedidos por uma irmã ou um irmão de outra religião: Eduardo, protestante, por Maria, católica; ela, por Elizabeth, protestante. Fracassaram no teste supremo da legitimidade: assegurar o futuro.)

Comparemos esse caso ao da dinastia famosa por assegurar sucessões tranquilas, a "feliz Áustria", do ditado *Alii bella gerunt, tu felix Austria nube* — façam os outros a guerra, enquanto tu, feliz Áustria, casas. A fertilidade das jovens Habsburgos era proverbial. A poderosa dinastia estabelecia alianças dando suas filhas a casar, e normalmente elas geravam proles numerosas. A vantagem de se casar com uma arquiduquesa austríaca estava em assegurar a sucessão com muito mais êxito do que Henrique VIII teve. Basta ver nossa imperatriz Leopoldina, que, em poucos anos de vida matrimonial, deu à luz sete filhos, dos quais dois reinariam, Maria II em Portugal e Pedro I no Brasil. Digno de nota é que um monarca novo, Napoleão, quando viu que não teria mesmo filhos com sua esposa, Josefina — mais velha que ele, já passada a idade de procriar —, também escolheu uma princesa Habsburgo como mulher. Havia a possibilidade de que optasse por uma noiva russa, para fortalecer uma aliança com o império do czar, com o qual uma guerra seria mais perigosa do que com a Áustria; mas o imperador — um príncipe novo, lembremos, com necessidade de garantir sua sucessão — deu mais valor à esperança de ter filhos do que à *Realpolitik*.

Realpolitik é questão de fato, no caso, de força. Convinha aos franceses não lutar com os russos. Mas o problema que Napoleão vislumbrava era como garantir seu regime. Não era o fato, mas o direito. Não era algo íntimo ao monarca, e sim algo público. Não era assunto privado, mas de Estado. Ele não confiaria nos irmãos como herdeiros. Adotar Eugênio, filho de Josefina, o que já tinha feito, não bastou para torná-lo seu sucessor à coroa imperial.[16] O problema, para Bonaparte, era como dar ao seu trono a solidez que teria caso contasse com uma legitimidade antiga. Ele obteve a legitimação pelo povo em mais de um referendo, mas isso não lhe era suficiente. Aliar-se — à Áustria ou à Rússia — seria um meio de se fortalecer, mas o principal mesmo era ter descendentes. Quando sucessivos Bonapartes tivessem reinado sobre a França, ninguém mais contestaria a legitimidade da dinastia. Por isso, a estratégia matrimonial era tão importante. Algo que para nós pertence à vida privada, íntima mesmo — daí aplaudirmos os casamentos por amor —, estava no primeiro plano da política.

Tornou-se difícil entendermos a monarquia/ditadura, até porque ela desapareceu dos países democráticos. Vejam o sucesso dos filmes sobre princesas com Anne

16. Curiosamente, Napoleão o declarou herdeiro do reino da Itália, mas não do Império Francês.

Hathaway[17], apenas alguns numa longa série de películas com o mesmo tema: sempre está em jogo a relação entre o *royal* e a plebe, contestando os preconceitos de uma corte antiquada e obsoleta, renovando a imagem da monarquia em matrimônios contraídos fora da nobreza. Foi o que o príncipe de Mônaco fez ao se casar, nos anos 1950, com Grace Kelly. Foi o que deu popularidade aos filhos da princesa Diana, William e Harry. Os casamentos por interesse — na verdade, como estratégia política essencial — perderam sentido. A diplomacia e a guerra não passam mais por casamento e procriação. A própria legitimidade mudou de significado. Hoje, ela faz parte dos negócios. A família real por excelência, a britânica, é uma mercadoria bem-sucedida. Talvez por isso, seus principais membros se refiram a ela como *the firm*. Ela vende suvenires e atrai turistas. Suas festas e cerimônias constituem sucessos comerciais. Ter mil anos de tradição faz parte da grife. Mas é só isso. Nenhuma decisão política a leva em conta, embora também sempre evite diminuir seu riquíssimo patrimônio.

Nosso assunto, agora, é esta outra forma de legitimidade, que precisa ser renovada o tempo todo — na democracia.

17. *O diário da princesa* (2001) e *O diário da princesa 2: casamento real* (2004), ambos dirigidos por Garry Marshall.

Maquiavel e a democracia

Ligar Maquiavel à democracia parece absurdo. Seu nome está associado a seu livro mais conhecido, *O príncipe*, no qual ele explica como um monarca age — ou deveria agir — para ter êxito.[1] Se deslocarmos o foco para sua obra mais extensa, que lhe demandou mais tempo, sendo escrita no curso de anos, e não de poucos meses, os *Discorsi*, veremos que o tema dela é a república, não a democracia. Já dissemos que aquilo que se chamou monarquia, durante milênios, corresponde ao que hoje denominamos ditadura. As monarquias que restaram,

1. A diferença é importante. Se *O príncipe* diz como deve agir o príncipe, é um receituário; é o que ele parece numa leitura imediata — por isso foi atacado, demonizado. Se, porém, descreve como o governante *age*, então é um trabalho de ciência política, provavelmente o primeiro, a inaugurar essa área do pensamento. Durante quatrocentos anos, foi lido do primeiro modo. De um século para cá, graças especialmente a Max Weber (sem que ele o percebesse), Merleau-Ponty, Claude Lefort e Leo Strauss, entre outros, é lido bem mais da segunda maneira. Contudo, a maioria esmagadora dos leitores continua lendo da forma rasa. Somente *scholars* refinaram a leitura. Isso não quer dizer que tenhamos razão, nós, pesquisadores... Como saber?

com poucas exceções (as árabes, as raras africanas, a tailandesa), se tornaram constitucionais, parlamentaristas, às vezes sendo mais democráticas e mesmo republicanas — no sentido de se preocuparem com a *res publica*, o bem comum — do que muitas repúblicas de nome. Então, por que Maquiavel teria o que dizer à *democracia*?[2]

Fala-se muito em democracia, etimologicamente, como "poder do povo", mas se esquece frequentemente que, em especial para os detratores desse regime já na Atenas antiga, o povo era composto pelos *polloi*, os muitos, os pobres, que desejariam confiscar os bens dos ricos. A democracia é, desde os gregos, um regime que não se basta ao debate político, mas aponta preocupações sociais com a desigualdade. Já a república, conceito romano, destaca não quem toma as decisões ("poder do..."), mas para que *finalidade* existe o regime — sua causa final, seu *telos*, é a coisa pública, o bem comum. Por isso, enquanto na democracia há um *desejo* dos mais pobres de terem e serem mais, na república prepondera a *vontade* de defender o bem público, mesmo à custa dos interesses privados. Daí que a república romana fosse coisa dos patrícios, mais que do povo; que o Senado substituísse o que, em Atenas, era a praça pública na qual se reuniam cidadãos iguais; que a temática republicana

2. Vejam bem que não falo de república, mas de democracia. Distingui os dois conceitos em "Democracia *versus* república: a questão do desejo nas lutas sociais", em meu *A boa política: ensaios sobre a democracia na era da internet* (São Paulo, Companhia das Letras, 2017), previamente publicado — em suas respectivas línguas — nas edições francesa (v. 220, p. 49, 2007), inglesa (v. 55, p. 45-53, 2008) e chinesa (v. 53, p. 137-148, 2011) da revista *Diogène*, da Unesco.

tenha, desde sempre, um tom mais conservador (assim prenunciando o que hoje é chamado *governabilidade*) do que a democrática.

A ênfase de Maquiavel em *O príncipe*, como vimos, está nos principados "novos": neles, a grande questão — para usar uma linguagem atual — é construir uma legitimidade a partir do (quase) nada, é converter uma dominação de fato num poder de direito. Nos principados antigos, o poder não constitui problema. A questão está nos novos.

Na democracia, *todo* governante é um príncipe novo. Nenhum poder democrático é hereditário ou sequer vitalício. Portanto, todo chefe de Estado, no presidencialismo, ou de governo, no parlamentarismo, tem que provar ao povo que é o melhor para chegar ao poder. A grande diferença do governante democrático, em relação ao príncipe de Maquiavel, é que ele precisa mostrar isso ao seu eleitorado antes, e com o fim de obter o mando. Já para Maquiavel, o príncipe novo deve atingir os corações e mentes *depois* de tomar o poder, que ele adquiriu pela força das armas, ou então graças a um governante mais poderoso que lhe deu o principado em questão. Quando ganha o poder de um aliado, a fortuna pode ser vista em plena ação. Converter a fortuna em *virtù*, eis o ponto. No Brasil, será esse o caso, em especial, dos presidentes Fernando Henrique Cardoso e Dilma Rousseff. Não são apenas príncipes novos: devem ambos o poder a uma indicação, a um *dedazo*, como diziam os mexicanos.[3]

3. Nas décadas em que o México foi governado pelo Partido Revolucionário Institucional, era sempre o presidente quem indicava, soberanamente, o candidato do partido à sua sucessão, o qual teria

Se o príncipe novo se legitima depois de chegar ao poder e o eleito, antes, na verdade este último também precisa do *depois*. O eleito precisa manter sua legitimidade durante o mandato (o que levanta a questão de quais são os casos em que ele a perde). Ou seja, ele tem a agenda de Maquiavel — a necessidade de se legitimar *a posteriori* —, mas também uma *anterior*, que entrou no mundo com a democracia representativa, que é a legitimação prévia, como meio e condição de sua eleição. Enfatizaremos primeiro a pauta da chegada ao poder para depois tratar de sua conservação, que instaura problemas diferentes. Num capítulo posterior, compararemos os dois tempos na política brasileira recente.

Associei monarquias e ditaduras, mas elas se distinguem — especialmente porque suas datas são diferentes. Afirmei que as monarquias pré-constitucionais equivalem, em boa medida, ao que hoje chamamos de ditaduras: o monarca assumia os poderes Executivo, Legislativo e parte, pelo menos, do Judiciário. Mas as monarquias dependem muito de sua legitimidade, que remetia à tradição. Já o termo "ditadura" tem origem romana e era inicialmente algo temporário. Confiava-se o poder por, no máximo, seis meses, a um cidadão romano para salvar a república. Sendo o *salus populi* a

certeza de ganhar as eleições: daí o termo *dedazo*, provavelmente referente ao dedo *indicador*.

lei suprema, as rotinas legais eram suspensas. A ditadura foi, portanto, desde o início, um estado de exceção.

A monarquia pré-constitucional — que eu chamo de ditadura num sentido que *não* é o romano — era um regime permanente; o que os romanos denominavam ditadura era a suspensão da república para salvá-la, algo de curta duração. Contudo, com a substituição de várias monarquias por repúblicas nos séculos XIX e XX, governos que, nestas últimas, exercessem poderes semelhantes aos dos antigos monarcas só poderiam ser ditatoriais. É o caso de quase todo o subcontinente latino-americano após a independência. Vejamos a grande obra de Augusto Roa Bastos, *Eu, o supremo* (1974), que romanceia o governo do doutor Francia no Paraguai. O arbítrio, a ausência de instituições, são o dia a dia do regime republicano na América Latina do século XIX.

Mas isso não é tão simples. As práticas autoritárias que eram tidas por legítimas e constantes nos regimes monárquicos são ditas exceção nos republicanos — mesmo quando se mostram duradouras. Na república, a ditadura é exceção porque suspende as leis e também porque o faz por algum tempo (mesmo os atos institucionais, no Brasil, não pretendiam ter vigência permanente); na monarquia, antes de se democratizar, a lei depende da vontade do soberano, o que *hoje* chamaríamos de regime de exceção, mas, *na época*, não era tido como tal.[4] Mesmo assim, a

4. Se bem que o conde de Strafford diz a Carlos I, às vésperas da Guerra Civil Inglesa, que o rei — como Deus — tem um poder ordinário, que se exerce por meio das leis, e um extraordinário, que Deus exerce pelos milagres e pelo monarca, suspendendo

concentração de poderes no rei visava salvar o Estado, que ficaria em risco caso Parlamentos, Cortes, Estados Gerais ou Dietas — os nomes das assembleias que limitavam o poder do monarca medieval — continuassem ativos. A salvação do Estado é a grande justificativa para a exceção, desde Roma.

Ora, gradualmente as monarquias ocidentais se convertem, na maior parte, em valores democráticos, em especial depois da Primeira Guerra. Assim, o que direi da democracia se aplica tanto à escolha do chefe de governo nas monarquias constitucionais da atualidade (e nas repúblicas parlamentaristas) quanto à do chefe de Estado nas repúblicas presidenciais.

Hoje, a legitimidade está sempre em *sursis*. Nas monarquias de outrora, a conquista da legitimidade era episódica. Tratava-se de uma necessidade excepcional, rara. O que o príncipe novo queria era *apagar* sua novidade, tornar-se velho, antigo, respeitado. Isso posto, a legitimidade deixava de instaurar problemas.

Podia, sim, acontecer de um rei ser destituído. Um bom exemplo: Afonso VI, de Portugal. Aclamado rei aos 14 anos, é afastado da coroa aos 25, depois de rumoroso processo em que sua esposa o acusa de impotente ("Meu padre", diz a rainha Maria Francisca de Saboia a seu confessor, o jesuíta Francisco de Vila, "parece-me que não terá Portugal sucessores deste rei"). Em março de 1668, o Conselho de Estado o declara deposto. Somam-se sua impotência e a alegada incapacidade de governar o

as leis — ver o meu *Ao leitor sem medo*, op. cit., cap. V. O poder extraordinário do rei seria, neste caso, um poder *de exceção*.

Estado. Ele é sucedido pelo próprio irmão, D. Pedro II de Portugal, que, aliás, se casa com a ex-cunhada.[5] Ou seja, simplesmente se troca o portador da legitimidade sem que a deposição do indivíduo rei afete a dinastia — e isso mesmo em se tratando de uma família real recente, sendo ambos os reis filhos de D. João IV, o primeiro dos Braganças.

Mas, com a democracia, o apagamento da origem, do nascimento, da atribuição do poder se tornou impossível. Todo e qualquer governo necessita, constantemente, construir sua legitimidade — o que significa que, de fato e de direito, na prática e em tese, todo governo é novo. Mesmo quando um partido governa um país há décadas — e, por vezes, com a mesma pessoa, o que no parlamentarismo não contradiz em absoluto seu caráter democrático (e lembrando que falo *apenas* de democracias) —, ele precisa se submeter periodicamente a uma revalidação de seu mandato nas urnas. Estar no poder às vezes facilita a recondução, em outras, a dificulta, quando ocorre o desgaste, a exaustão, a fadiga com uma gestão já sem novidades. A legitimidade deixa de se perder na história remota. Sucede o contrário: quanto mais datada, quanto mais recente, melhor.

Aqui está uma grande diferença: enquanto a prática política anterior temia a novidade e sagrava sua supressão, a prática democrática consagra o que é novo. Aliás, de modo geral: nosso tempo considera o que é novo como

5. Na verdade, Pedro II só é proclamado rei após a morte de Afonso VI, em 1683.

um valor em si.[6] Chamar algo de antigo remete diretamente a termos malvistos, tais como velho, antiquado, superado. A antiguidade, que era mérito nas monarquias, tornou-se defeito nas democracias.

◎ ◎ ◎

Daí que, nos regimes democráticos, a legitimidade nunca esteja garantida. É o regime da novidade, ao contrário das monarquias/ditaduras.

O que era raro e defeituoso nos regimes monárquicos se torna regra e qualidade na democracia. Todo governante é novo. A legitimidade sai da continuidade histórica — no limite, derivando de uma pré-história, como no caso da origem divina que teriam os imperadores do Japão — e se funda na vontade popular atual. *A democracia altera a temporalidade.* Pela primeira vez na história, o tempo presente é o que legitima ou deslegitima um governante. Corrijo-me: não é o presente instantâneo, é o presente da última eleição. Um pleito confere uma estabilidade de alguns anos, geralmente quatro ou cinco, mas pode ser mais longo. Chegava a sete anos no mandato presidencial francês, tal como o general De Gaulle o definiu, em 1958.

Uma grande diferença entre democracias estáveis e instáveis é que nestas últimas o tempo imediato pode destruir essa estabilidade, ainda que curta. Compare-se

6. Desenvolvi esse ponto — a valorização positiva da novidade — em meu livro *A última razão dos reis* (São Paulo, Companhia das Letras, 1993).

o Brexit ao *impeachment* de Dilma Rousseff. Foi tal o espanto com a decisão do eleitorado inglês de deixar a União Europeia que não faltaram pedidos para refazer a votação. Contudo, a decisão do Reino Unido foi de respeitar o voto popular. Não caberia reiterar o plebiscito sucessivas vezes, até se chegar a um resultado "desejado". Aqui no Brasil, ao contrário, vingou a ideia — apresentada no plebiscito para decidir entre parlamentarismo e presidencialismo, em 1993, pelo político Orestes Quércia — de que, na forma presidencial de governo, "a gente põe, a gente tira", o que a direita e a extrema-direita fariam com Dilma em 2016. Um péssimo precedente, porque introduz um elemento parlamentarista no seio do presidencialismo e submete a legitimidade do governo aos humores de ocasião.

◎ ◎ ◎

Voltemos a Maquiavel. Há apenas dois filósofos cujos nomes próprios, transformados em adjetivos ou nomes comuns, extrapolaram em muito o campo da filosofia, dos especialistas: Platão, com o amor platônico, Maquiavel, com o maquiavelismo. Para todos os demais filósofos, o adjetivo se refere apenas a sua obra: kantiano é quem estuda Kant, marxista é quem segue Marx. Aqueles dois são exceção. E nós, profissionais da filosofia, costumamos dizer que está errado "o vulgo", por ignorar que, para Platão, o amor não é a mera admiração assexuada por uma mulher e que Maquiavel não foi maquiavélico.

Há uma diferença entre quem ouviu falar de Maquiavel, ou mesmo leu *O príncipe*, mas não é especialista nele, e seus estudiosos por profissão. Para estes últimos, Maquiavel é um republicano, pela ação e também pelo livro que passou anos escrevendo, os *Discursos*. Na verdade, *O príncipe* foi redigido num breve intervalo do longo trabalho de redação da grande obra republicana. Mas lembremos que a república à qual se refere é a romana, que sempre teve um tom mais patrício e elitista do que a democracia grega.

Maquiavel, se não foi democrata, é pensador de referência para a democracia. Antes de mais nada, porque foi o primeiro, entre poucos filósofos da política, a pensar a *tomada do poder*, e não o seu exercício ideal. Leiam Platão, Locke, Rousseau, tantos outros: com a possível exceção isolada de Marx, nenhum deles pensa a conquista do poder. Pensam, sim, como ele deve ser exercido ou respeitado.

Por que Maquiavel ajuda a pensar a democracia? Porque faz pensar a *ação* do governante. Porque o governante tem que *inventar* — enquanto o tempo do rei/ditador *é o* da repetição. Marc Bloch, observando que a Idade Média não tem um tempo estagnado, repetitivo, acrescenta, porém — em *La Société féodale* —, que ela *acreditava* viver a reiteração, a tradição. Qualquer costume novo precisava ser constantemente declarado novo, para que não se inscrevesse na repetição, que converteria o que era dom eventual numa obrigação cuja origem se perdesse na noite dos tempos. Tradições se inventavam rapidamente. É provável que a memória fosse de curto prazo; alguns anos eram suficientes para esquecer a origem de um costume qualquer, por banal que fosse, como a entrega ao senhor de alguns embutidos pelo servo, vilão ou vassalo. Bastava a repetição por um período relativamente curto para que funcionasse o *default* que a transformava em tradição, convertendo a dádiva em dever.

A novidade de Maquiavel está em apontar o que os medievais teimavam em ignorar: que seus governantes mais bem-sucedidos eram os que *não* seguiam o modelo do rei bom, do rei justo. Um dos equívocos mais cometidos pelos que leem nosso autor consiste em supor que ele *propõe* um modelo *novo* de conduta ao príncipe. Na verdade, ele lê a história como um repositório de exemplos, de casos, dos quais pode extrair regras ou mesmo leis de conduta, não importando a data; para ele, a história não é, como se tornará a partir do século XVIII, o campo da mudança, do advento do novo; é um grande arquivo de onde pode tomar exemplos de sucesso e de fracasso, considerando-se que nem a natureza humana, nem a do poder sofrem mutações ao longo do tempo. Ora, em vívido contraste com a Idade Média, os governantes mais bem-sucedidos foram os que *não* se deixaram enganar pela doutrina do rei justo e bom.

Não poderia existir em Maquiavel, é claro que falo implicitamente, o tema tão contemporâneo a nós que é o da ideologia. Desde que Marx mudou o sentido desse conceito, ele passou a significar — em pinceladas grossas — um universo de representações mentais que são falsas, mas, ao mesmo tempo, sustentam uma determinada estrutura de poder. (Ficam em aberto muitas questões, as quais não aprofundaremos: se é possível viver sem ideologia é uma delas. Poderemos varrer toda ideologia e conviver em plena transparência?) Assim, a tarefa, para Marx e seus seguidores, será a de desmascarar a ideologia que assegura a dominação da sociedade por uma classe social. Dessa maneira, será possível libertar as classes dominadas, exploradas e oprimidas. Já para Maquiavel, trata-se de desmontar a doutrina que limita a ação do governante. Nos dois casos, temos um conjunto de representações mentais que não correspondem à realidade, que são, portanto, equivocadas, enganosas ou mesmo mentirosas. Mas, para Marx, desmascarar é um modo de libertar a massa; para Maquiavel, é um meio de liberar a ação do governante. Maquiavel e Marx desmascaram, mas o beneficiário do conhecimento tornado transparente é, num caso, quem manda; no outro, quem obedece. (É verdade que o príncipe maquiaveliano, se bem governar, fará bem a seus súditos — como acontece com Cesare Borgia depois que elimina da Romanha tanto o banditismo quanto a repressão desumana de Ramiro de Orco; a oposição entre poderoso e súditos, que, para Marx, será uma contradição dialética, não seria antagônica para Maquiavel.)

O que significa o governante *inventar* sua ação? Ao contrário do que sustentará uma linha inteira de raciocínio — que podemos ver em Hobbes, Mandeville, Adam Smith, Montesquieu, nos federalistas —, pela qual as *instituições* limitam o mau governante, Maquiavel emancipa sua ação. São as duas grandes vertentes do pensamento político moderno, ambas em ruptura com a Idade Média. A ênfase nas instituições lida com o governante perverso ou ineficaz, os dois sentidos que a palavra *mau* tem em português e em muitas outras línguas. A instituição domestica seus excessos e reduz o alcance da novidade, inserindo-a numa sequência de ações que constroem a vida social dentro de uma certa moderação. Já o acento na ação ressalta a ruptura. O bom governante, desse ponto de vista, é o que engendra mudanças. Num caso, as mudanças são limitadas; no outro, enfatizadas. A combinação das duas vertentes permite, de forma obviamente tensa, associar ruptura e continuidade.

Legitimidade se perde?

A legitimidade na democracia, isto é, numa eleição, ou seja, numa competição, é, acima de tudo, o reconhecimento, por quem perdeu, da vitória de seu adversário. Se o derrotado não o fizer, haverá um problema. Daí a importância, nos Estados Unidos, embora se difundindo por um número crescente de países, da *concession*; o telefonema do perdedor ao vitorioso, admitindo a vitória deste, algo que se faz em público ou que, na pior das hipóteses, é substituído por uma declaração pública, caso a competição tenha sido demasiado conflituosa. Trata-se do reconhecimento de que a disputa foi democraticamente travada. As regras do jogo foram obedecidas. Terá havido golpes baixos, mas, mesmo assim, o placar final é justo — não no conteúdo, mas na forma. Continuamos pensando que deveríamos, nós, ter vencido as eleições, mas aceitamos que a voz do povo nos tenha sido contrária. A *concession* é um sinal de respeito à vontade popular. A legitimidade, assim, é conferida por um número de votos maior do que os obtidos pelo vitorioso na eleição, porque inclui os votos conferidos ao derrotado. Idealmente, aliás, a legitimidade seria unânime — ou, pelo menos, amplamente majoritária. Digamos que alguém tenha tido 25% dos sufrágios no primeiro turno e 55% no segundo; sua legitimidade estará assegurada se, digamos, 80% ou 90% dos eleitores concordarem que ele venceu, o que inclui, obviamente, boa parte de quem votou contra ele.

Contudo, se os derrotados não reconhecerem essa situação, a democracia estará em risco. Isso aconteceu na eleição brasileira de 2018 e na norte-americana de 2020. Bolsonaro afirmou que, se perdesse, não aceitaria o resultado. Trump repetiu essa postura dois anos depois. Aliás, na verdade, tivemos isso no Brasil já em 2014, quando — depois do pleito — Aécio Neves negou a validade do resultado. Pediu recontagem, algo absurdo quando a votação é feita em sistema eletrônico, e posteriormente clamou pelo *impeachment* de Dilma Rousseff, colocando-se como aliado subalterno da extrema-direita. Os efeitos de tal recusa à democracia são conhecidos: a democracia brasileira entrou em séria crise, talvez em colapso. Mas qualquer regime corre riscos graves no caso de uma oposição numerosa se recusar a reconhecer os resultados de uma eleição.

Já comparamos o desastre brasileiro à votação britânica pelo Brexit. Havia razões para fazer um novo plebiscito ou mesmo desconsiderar o realizado: dos quatro países que compõem o Reino Unido, apenas um (Inglaterra) tinha aprovado a saída, ao contrário de Escócia, País de Gales e Irlanda do Norte; a lei que convocara o plebiscito não dizia que seus resultados seriam mandatórios; não previra quórum mínimo de eleitores, nem explicitara qual maioria seria necessária para a decisão ser tomada. Mas o resultado foi rigorosamente respeitado. Da mesma forma, embora nos últimos anos governantes controversos tenham sido eleitos em vários países democráticos, como no próprio Reino Unido e nos Estados Unidos, em nenhum deles se alegou a ilegitimidade do eleito. Aliás, nem mesmo quando o segundo George Bush foi proclamado eleito, depois de uma decisão da Suprema Corte — mandando parar a recontagem de votos na Flórida — digna de uma república bananeira.

Mas pode a legitimidade desaparecer antes de encerrado um mandato para o qual alguém se elegeu? Digamos que aconteça algo parecido com o que os chineses chamavam de "mandato do Céu", que legitimaria o imperador, mas que ele poderia perder, no caso de governar mal. A verdade é que o país em que a legitimidade foi liquidada, antes de concluído o mandato, rumou para o desastre político. Falo do Brasil.

Enquanto em outros países a eleição legitima todo um mandato, no Brasil não há uma convicção ferrenha a respeito. O argumento utilizado em favor do regime presidencialista no plebiscito de 1993 — "no presidencialismo, a gente põe, a gente tira" — é lamentável. No ano anterior, tivemos o primeiro *impeachment* de nossa história, afastando Fernando Collor da presidência. Como sua destituição contou com enorme apoio popular — obteve poucas dezenas de votos a seu favor na Câmara dos Deputados, isso após meses de manifestações de massa contra ele —, um sentimento de euforia tomou conta do país. Pela primeira vez em nossa história, um governante mau ou impopular era afastado com respeito a todos os ritos constitucionais.

Houve, assim, dois traços específicos naquele *impeachment*: primeiro, nunca antes um governante brasileiro tinha sido afastado dentro da lei e da Constituição. Segundo, a popularidade de Collor se tornara ínfima. Desse modo, tanto do ponto de vista legal quanto político seu afastamento obteve apoio. Discute-se se o *impeachment* é uma ferramenta jurídica ou política; na verdade, é ambas: um presidente criminoso não será afastado se tiver apoio parlamentar, mas, inversamente, sua derrubada apenas por conveniência política — como, a meu ver, foi o caso de Dilma Rousseff — é traumática. No caso de Collor, juntaram-se o crime de responsabilidade e a repulsa política. Daí que o Brasil tenha saído eufórico daquele episódio e que a imprensa internacional saudasse a maturidade de um país que, poucos anos depois do fim de uma ditadura longeva, dava essa lição de civilidade ao mundo.

Uma diferença importante entre os dois regimes é que o presidencialismo é bom para *eleger* um governante com legitimidade, enquanto o parlamentarismo é ótimo para *tirar* um dirigente que tenha perdido o apoio popular. Neste último, a destituição se efetua com pouco ou nenhum trauma. Foi um erro, em 1993, a campanha pelo presidencialismo (no plebiscito brasileiro sobre as formas de governo) alegar que nesse regime o povo tira o governante sem problemas. Esse remédio tem de ser absolutamente excepcional. Sua reprise, em 2016, banalizou o *impeachment*. Dois de quatro presidentes eleitos entre 1989 e 2014 foram assim destituídos. A exceção virou regra. O voto do povo deixa de ser algo que institui para se tornar algo que pode ser dado sem responsabilidade (pela possibilidade de ser desfeito) — e tirado da mesma forma.

O presidencialismo garante a mais democrática *escolha* do governante, porque — se o voto de cada eleitor tiver igual peso (o que talvez só não aconteça nos Estados Unidos) — o mais votado sempre vencerá; já o parlamentarismo permite a menos traumática *destituição* do governante, e também a mais democrática, porque, no fundo, o eleito é um partido ou uma coligação, não um indivíduo.

◎ ◎ ◎

O preço da liberdade, expressa no sufrágio, é a responsabilidade: não posso esquecer que avalizei um candidato, especialmente se ele tiver sido eleito. Esquecer seu nome é tão irresponsável quanto culpar um sujeito indefinido, como "os políticos", pelos males do mundo, omitindo que, se estão lá, foi pelo voto, inclusive o meu.

Há, na presente destruição da coisa pública no Brasil, uma responsabilidade do eleitorado, que, no entanto, não a assume, preferindo adotar as estratégias de esquecer em quem votou, de culpar os eleitos ou ainda de se dizer enganado por eles. Mas todas essas linhas de conduta negam a democracia: rejeitam o pressuposto da instituição da *res publica* pelos cidadãos. Terceirizam a culpa nos políticos. Um após outro, Lula, Dilma, Aécio, Temer, Bolsonaro foram chamados de mentirosos ou coisa pior. O resultado ou a causa disso é que os cidadãos se autoinfantilizam. Não têm pejo de admitir que são crianças fáceis de enganar. Acreditam piamente em mentiras óbvias. Clamam por quem os tutele. Elegem um tutor e, quando dá errado, pedem socorro a outro, geralmente pior. Há um círculo vicioso da autoinfantilização, da desresponsabilização de si. É como se os cidadãos se dissessem inimputáveis.

Assim se esquece de que a democracia é regime de adultos. Ela presume a maioridade de que falava Kant em *O que é iluminismo*. Isso não significa que a pessoa tenha primeiro de se conduzir como adulta, para depois ter os direitos de cidadania; mas, sim, que a própria vida cidadã gera, engendra uma maioridade. Erros, se houver, são nossos, não de gente má que nos enganou. A crise brasileira pós-2014 é a precipitação numa infância, cada vez piorada, de boa parte da sociedade. Dado que não há como tutelar um povo inteiro, as coisas se agravam.

Legitimidade não se dá ou se tira ao bel-prazer: é um compromisso de longo prazo que assumimos. Por isso, a perda de legitimidade durante o mandato é algo a ser aceito com muitíssima moderação — algo da ordem do excepcional.

Caberia, porém, sustentar o *contrário* do que acabei de afirmar? E se a legitimidade não estiver dada por todo o mandato e precisar ser reposta ao longo dele? A opinião pública — difusa, por definição — ocuparia o lugar do voto. A solenidade da eleição seria verificada, reiterada, ao longo de um mandato de quatro ou cinco anos, pelas reações populares. Exemplo disso, na França, é a frequência com que grupos de oposição tomam as ruas clamando *démission!*, depois do nome do presidente da República.[1] Querem abreviar seu mandato. Contudo, os que pedem sua saída precoce são sempre minoria, por mais tensa que seja a situação — penso, por exemplo, nas manifestações dos coletes amarelos em 2018 e 2019.

Outra hipótese é a existência de um "terceiro turno", como eu pessoalmente chamo o período pós-eleição, quando o governante se defronta com as potestades deste mundo, em especial os mais ricos. Estes influenciam o voto, sem dúvida, por doações e pela mídia, mas não necessariamente o determinam. Porém, uma vez empossado o governo, têm influência decisiva sobre as políticas que este adotar. Podem eles deslegitimar o governo? Sim, mas num sentido claramente antidemocrático.

Vimos aqui duas formas de perda de legitimidade, uma clamada pelos de baixo, os movimentos sociais, outra promovida pelos de cima, os mais ricos. É impossível descartar uma perda de legitimidade do governante eleito. O caso de Collor é exemplar — até pelo fracasso retumbante em suas políticas, contar com uma repulsa quase universal, seu caso serviu de teste para a Constituição, e, finalmente, o que talvez tenha sido a posteriori o fator mais importante de todos: fracassou no combate a uma inflação sem freios. Mas sempre há um risco grande de que a destituição se torne rotina — como sucedeu no Equador no período de 1997 a 2009, com inúmeros presidentes, alguns bem efêmeros.

1. No caso de Macron, a rima é fácil.

Entre o primeiro e o segundo tempos: Édipo como o príncipe moderno

O que é essencial em Édipo na peça de Sófocles? É seu projeto de controlar e dominar todas as circunstâncias que limitem sua ação. Ele é um exemplo do que será, daí a dois mil anos ou mais, o *Príncipe*. Vimos que, segundo Maquiavel, o resultado das ações humanas dependeria metade da fortuna, metade da *virtù*. O filósofo entende por fortuna a sorte, boa ou má, o que escapa à nossa vontade e planejamento; por *virtù*, o planejamento, a ação deliberada com vistas a resultados, aquilo em que consiste a virilidade do *vir*: não por acaso, na Renascença, a língua portuguesa fazia convergirem varão, o *vir*, e barão, o príncipe.[1] O príncipe é o homem por excelência.

Este é o nosso ponto: Édipo errou de século e de civilização. Ele é profundamente moderno. (Ou, se quiserem, o príncipe de Maquiavel é o Édipo moderno.) Seu erro foi

1. Ver o primeiro verso dos *Lusíadas*: "As armas e os barões assinalados", em que barão significa varão; na verdade, Camões retoma aqui a *Eneida* de Vergílio: "*Arma virumque cano*", eu canto as armas e o varão.

nascer na Grécia antiga, onde se revelou monstruoso, em vez de inaugurar a modernidade.

Ao longo da principal tragédia que lhe foi dedicada, *Édipo rei*, que estreou por volta de 427 a.C., ele se mostra seguro de que pode resolver todo e qualquer problema. Aliás, ele se tornou rei fazendo o quê? Decifrando um enigma — mas não qualquer enigma. A esfinge — grega, não a egípcia —, cercando a cidade de Tebas, perguntava às pessoas que encontrava: qual o animal que, pela manhã, anda sobre quatro pernas; ao meio-dia, sobre duas; à noite, sobre três? Ninguém acertou, e ela matou todos. Somente Édipo soube lhe dizer que, de manhã, é o nenê que engatinha; no meio da vida, é o adulto que se sustenta sobre as pernas; à noite, o velho que se socorre da bengala. Mas o importante mesmo é que Édipo se salvou, e salvou Tebas, respondendo "é o homem". Não solucionou um enigma trivial, mas o mais importante de todos, o que diz o que somos, quem somos. Ou seja, Édipo conhece o segredo do que é a humanidade. Esse é um poder enorme.

No entanto, quando a peste assola Tebas, seu conhecimento, sua habilidade, aquilo que Maquiavel chamaria de sua *virtù*, em vez de salvá-lo o conduzem à desgraça. Já se estranhou que ele reinasse tanto tempo sobre Tebas, tendo até filhos adultos, sem interrogar as circunstâncias da morte do rei, seu predecessor. De todo modo, a tragédia começa quando a peste assola a cidade, e todos acodem a ele como quem pode resolver esse problema; no apelo do povo, ele é saudado como "o primeiro dos homens", "o mais poderoso dos homens", "o melhor dos homens". Salvou Tebas uma vez, salvará de novo. Primeiro, mais poderoso, melhor — mas homem. Não deus. Édipo, embora tão elevado, provavelmente, por ter decifrado o enigma sobre o que é ser homem, acredita demais em si mesmo. Aí estará a causa de sua queda.

O rei procede, então, a um inquérito, ainda que tardio. A tragédia se dá segundo a gradual percepção pelos circunstantes e por nós mesmos — mas não por Édipo, que está cego para o duplo horror: que ele matou o rei, que ele matou o pai — de que a chave do crime, a chave do horror, está nele mesmo. (Na verdade, quem aprende com o inquérito somos nós. Édipo ouve, mas não escuta, não assimila. Nós é que vamos percebendo o horror se avizinhando. Ele, por sua vez, só captará a verdade subitamente, no momento de sua, bela palavra grega, *catástrofe*.)[2]

O pastor, o adivinho, o escravo do rei morto, finalmente sua própria esposa descobrem que ele é filho de Laio e Jocasta, matador do pai e marido da mãe ("Desgraçado", diz ela enquanto se retira para se matar, "que possas nunca saber quem tu és!"). E o que comenta seu marido e filho depois de ouvir isso? Convicto de que ela talvez se envergonhe de ser ele um homem de baixa

2. Catástrofe provém do grego *katastrophe*, "fim súbito, virada de expectativas", composto de *kata-*, "para baixo", mais *strophein*, "virar". A palavra se originou no antigo drama grego; era o momento em que os acontecimentos se voltavam contra o personagem principal, num movimento feito pelo coro inteiro no teatro. Ver: https://origemdapalavra.com.br/artigo/catastrofes/.

extração, Édipo proclama: "Que venha o que vier, mas minha origem, por humilde que seja, eu quero conhecer!"[3]

Notem bem: "quero conhecer". (Não entendeu nada do que aconteceu e está acontecendo, mas *acredita* querer o conhecimento.) Nesse momento, dissolve-se o casamento de Édipo com Jocasta. Foram associados, amantes, amados? Mas agora ela percebe que o conhecimento é letal, enquanto ele continua acreditando que é libertador. Ela apreende que o saber é tão perigoso que deixa o palco para se matar. Enquanto isso, ele se gaba — paradoxalmente — de um nascimento vulgar. Não tem medo da verdade, Édipo. Talvez por isso mesmo, ela lhe pregará uma peça horrível. Devia temê-la muito.

Porque, para Édipo, o conhecimento é a chave da ação. Foi decifrando o enigma que acedeu ao poder. Imagina que, encontrando o assassino, vencerá a peste. *Knowledge is power*, dirá, menos de cem anos após Maquiavel, o grande filósofo que foi Francis Bacon[4]; essa frase é uma das aberturas para a modernidade. Sem conhecimento, sem ciência, não há dominação da natureza pelo homem (um tema recorrente em Descartes: a ciência permitirá que "nos tornemos senhores e donos da natureza").[5] Celebramos nesses dois pensadores quase contemporâneos, um deles fundador da ciência

3. Usei, no primeiro caso, a tradução francesa de Leconte de Lisle, disponível na *Wikisource*; no segundo, a tradução em português do site *Domínio Público*. Escolhi uma e outra pelo efeito dramático.

4. A expressão de Bacon é "*ipsa scientia potestas est*" (o conhecimento ele mesmo é poder), em suas *Meditationes Sacrae* (1597).

5. "*Nous rendre comme maîtres et possesseurs de la nature.*"

moderna, o outro da filosofia moderna, dois pontos que divergem radicalmente da mentalidade dominante na Grécia: primeiro, o conhecimento gera poder; segundo, esse poder é positivo. Nosso tempo nasce dessas ideias, tendo-as como vigas mestras que sustentam a maior parte de nossas concepções sobre a vida social e política. O conhecimento gera prosperidade, bane a superstição, quem sabe até produza felicidade.

◎ ◎ ◎

Ao contrário desse ideal, utopia ou sonho profundamente moderno, o que aparece — no final da história de Édipo — são as *contradições* do conhecimento. (No final, mas a história de Édipo sempre é contada a partir do fim. Apenas sabemos da profecia da pítia, do encontro com a esfinge, da ascensão ao trono porque o final dá sentido — trágico — a tudo isso. Não fosse o desenlace, não teríamos Édipo. Tivesse apenas vencido a esfinge, ele pouco nos interessaria. Repito o que já disse antes: existe, em pensadores como Maquiavel e Hobbes, num personagem como Édipo, um gesto, um ato, uma coisa única que os define; o resto é, geralmente, silêncio.)

Num primeiro momento, seu saber irradia; a vitória sobre a esfinge é iluminista: pelo conhecimento e pela inteligência, nosso herói salva Tebas. Essa poderia ser a ideia moderna do conhecimento gerando poder, já com Bacon e Descartes, e culminando no Iluminismo, quando a ciência é explicitamente identificada às luzes. Mas, numa segunda etapa, muitos anos depois, o conhecimento se torna nocivo, terrível. Ele, que iluminava, que libertava, melhor fará agora se ficar oculto. Das potências do dia, passamos às da noite. A situação é trágica não porque o desenlace seja terrível, mas porque ela é insolúvel. Na verdade, não há desenlace: há apenas enlaces, cada vez piores.

Édipo, que desatava nós, agora se emaranha, se enreda. Em termos hegelianos, não há síntese possível. Não há o que Gérard Lebrun, esse anti-hegeliano, chamava de "dialética pacificadora".[6] Não há paz no final. A rainha se mata, o rei se cega e foge do cenário de seu crime, que não é menos grave por ser involuntário. Todos os conceitos a que nos apegamos na modernidade — um deles, a ideia de que não há crime se não houve conhecimento, se não houve vontade de praticá-lo —, tudo isso se torna vão. O crime é horrível, não importando se o casal soubesse ou não que era incestuoso.[7]

6. Em seu *O avesso da dialética* (São Paulo, Companhia das Letras, 1988), minha tradução.

7. Podemos aqui propor um paralelo com *Os Maias* (1888), de Eça de Queirós, em que Carlos Eduardo e Maria Eduarda se apaixonam, sem saber que são irmãos. No romance, o amigo dele João da Ega, ao tomar conhecimento do fato, conta-o a Carlos, causando a ruptura e a infelicidade dos dois. Mas, antes de contar a história à irmã-amante, Carlos a possui uma última vez. Depois que abre o jogo com Maria Eduarda, os dois se separam para sempre. Mas, ao contrário da peça grega, em que o horror é inominável e saldado pela morte, a obra de Eça de Queirós mostra uma ambiguidade — o desejo vence, ainda que provisoriamente, o horror. É interessante lembrar a adaptação da história para a televisão, realizada em 2001 por Maria Adelaide Amaral, sob forma de uma minissérie da Rede Globo. Possivelmente, a repulsa ante o incesto entre dois adultos, que nunca antes se viram, se minimizou do século XIX para o XXI; o fato é que a revelação não é mais efetuada por um

Este é outro abismo entre nós e os antigos: nossa ideia de responsabilidade deriva de uma escolha consciente; para eles, o indivíduo paga mesmo pelo que não escolheu, pelo que é destino.

A primeira resposta de Tirésias a Édipo, quando este chama o primeiro para desvendar o mistério do assassinato de Laio, é: "Ai de mim, ai de mim! Como é duro saber, quando saber é inútil!" Ou seja, ele já contesta as convicções nas quais assenta a grandeza de Édipo; para este, fortalecido por sua vitória sobre a esfinge, convicto de nada escapar a seu conhecimento e sua ação, nada é tão útil quanto o saber, mas o adivinho — cego, como depois se tornará o próprio Édipo — enxerga melhor: o conhecimento pode ser nefasto. O conhecimento não é uma chave universal. Às vezes, liberta; outras, destrói.

Assim é que — no final trágico, Édipo subitamente viúvo, órfão, cego, deixando o trono e a cidade — o corifeu encerra a peça proclamando os limites da condição humana:

---

amigo, mas pela própria mãe (que, na novela, ainda está viva), ao ver os dois filhos juntos enquanto casal. Ela reage horrorizada, mas sua reação é imediata, não mediada pelo tempo ou pela razão — como no caso de João da Ega. Não houve a pesada dúvida de João, se contava ou não. (Eu, pessoalmente, homem de nosso tempo, acharia João da Ega um canalha, por destruir a felicidade de duas pessoas que se amam — e que só pelo acaso do sangue são próximas.) Em outras palavras: o sacro horror diante do incesto talvez tenha diminuído porque Carlos Eduardo e Maria Eduarda não se soubessem irmãos. A única forma de restaurar o horror (e o interdito) é pela surpresa, pela reação instintiva da mãe.

> Habitantes de Tebas, minha Pátria! Vede este Édipo, que decifrou os famosos enigmas! Deste homem, tão poderoso, quem não sentirá inveja? No entanto, em que torrente de desgraças se precipitou! Assim, não consideremos feliz nenhum ser humano, enquanto ele não tiver atingido, sem sofrer os golpes da fatalidade, o termo de sua vida.

◎ ◎ ◎

O que nos diz Sófocles? Dois mil anos antes de Maquiavel cunhar o conceito de *virtù*, o teatrólogo grego mostra que ela, conduzida ao extremo, revela-se *hybris*, desmedida, excesso, soberba. A *virtù*, em seu paroxismo, nos torna — paradoxalmente — joguetes da fortuna. A lição de sabedoria que o grego tirará dessa tragédia, bem ao estilo da catarse que Aristóteles percebe ser o eixo da tragédia em geral, é que não devemos querer controlar o destino.

Nada mais distante da modernidade. Maquiavel é um dos que a inauguram ao pretender que controlemos as circunstâncias. Reconhece que isso é impossível, mas é preciso tentar. Veremos a história de Cesare Borgia, tal como aparece em *O príncipe*. Comparemos como Édipo e ele terminam suas histórias, um na tragédia grega, outro no drama político que inaugura a modernidade.

◎ ◎ ◎

O final de Cesare Borgia é bem diferente do de Édipo, embora ambos percam tudo. Cesare Borgia morre lutando. É um final rápido. Deixa uma lembrança vaga, bastante negativa, mas não demonstra especial preocupação com sua imagem póstuma. Já Édipo vaga longe de Tebas, apoiado pela filha Antígona — que, depois, repetirá, em chave diferente, a desgraça do pai. Mas Cesare Borgia, como por sinal seu pai, o papa Alexandre VI, não parece desejar tanto a fama: seu negócio seria o poder, mais possivelmente os prazeres deste mundo. A honra não seria sua grande questão. Corrijo-me: procurava-a em vida, mas o renome *post mortem* não era seu ponto crucial. A honra que ele quer é consequência do poder que almeja. Não sacrificaria o poder pela honra. Sabe-se que o decisivo para a nobreza era preferir a morte à infâmia. O nome ou renome valia mais que a vida. Sem dúvida, Cesare não queria a infâmia, mas não sinaliza maior interesse pelo futuro de seu nome. Sua tarefa imediata a cumprir era sobreviver à morte do pai. O Cesare Borgia que Maquiavel nos descreve é um comandante de homens, estrategista, pragmático.

Já Édipo passa por uma lenta e longa agonia. Perambula pela Grécia. Termina em Colono, tema de outra peça de Sófocles, mas que é surpreendentemente moderna na medida em que recusa a culpa pela morte do pai e pelo incesto com a mãe utilizando o argumento, para nós quase óbvio, de que não sabia serem eles seus pais. Esse seu final de vida nos arredores de Atenas é tão conflitante com o *Édipo rei* que é raro mencioná-lo. Imaginemos que fizéssemos o contrário da prática usual, esquecendo *Édipo rei* e estudando apenas *Édipo em Colono*. A história perderia praticamente todo o seu teor trágico. Seria ainda uma tragédia — a história de alguém que, inadvertidamente, matou o pai e se uniu à mãe —, mas despojada dos excessos de culpa, de gritos, de sangue. Seria uma tragédia no sentido usual do termo, como mostra a máscara do choro no frontão de muitas casas de espetáculo, mas não no sentido hegeliano, isto é, o da impossibilidade de síntese. Para Hegel, a tragédia ocorre quando as particularidades não conseguem gerar algo universal. Os lados em conflito têm ambos — ou todos — razão, mas não chegam a uma síntese.

Em linguagem nada filosófica, simplificaríamos Hegel dizendo que a tragédia é a impossibilidade de um final feliz — ainda que minimamente. A tragédia não é apenas a negação da utopia: é a impossibilidade até mesmo de uma redução de danos. A morte serena em Colono contrasta absolutamente com a cena terrível em Tebas. Tivéssemos apenas a peça de Colono, Édipo estaria fadado aos personagens bem secundários da cultura grega. Jamais chamaria a atenção de Freud, a ponto de este lhe dar o nome de um complexo. Para Édipo se tornar complexo, precisava contradizer radicalmente ideais decisivos da modernidade, o da responsabilidade somente por ações conscientes e voluntárias, o do anseio por um conhecimento que liberta a ação.

Édipo não teve complexo de Édipo, como bem demonstra Vernant — entre outras razões porque, ao matar o pai e desposar a mãe, ele não sabia quem eles eram.

(Vernant parece tornar sua a visão da peça passada em Colono, a visão que chamei de moderna.)[8]

Para os gregos, aponta Vernant, a grande questão que Édipo instaura é a do homem que não aceita seus limites. Ao contrário do que pensou Freud, o problema de Édipo não é o drama terrível de família (matar o pai, esposar a mãe) — já que ele ignorava de quem era filho. Édipo é um herói civilizador. Tem certeza de seu poder e capacidade. Daí a determinação com que inicia o inquérito que o levará à desgraça. O problema não está no que ele fez sem saber: está em acreditar nos poderes de seu saber.

Nada expõe tão bem a *hybris*, a desmedida, o anseio de um homem por superar os limites de sua condição. Édipo quis saber e fazer demais; esse homem do logos ignora que, assim, constrói um *páthos* insuportável: viúvo, cego, exilado. (Não creio ser correto dizer que sofra uma pena ou castigo, porque ele não cometeu crime conscientemente. Nem a Grécia, nem a tragédia podem ser compreendidas quando se tenta pensá-las a partir da ideia moderna de responsabilidade, isto é, de que respondemos por aquilo que, consciente e voluntariamente, fizemos de errado. A ideia forte é a de destino.)

Essa matriz prevalece até a Renascença: cada um deve se conter nos limites que Deus ou a natureza lhe ditaram. Apenas com Maquiavel e sua obra *O príncipe* passamos a ter um Édipo capaz de maior sucesso, um

8. J.-P. Vernant, "Oedipe sans complexe", in: J.-P. Vernant e P. Vidal-Naquet, *Mythe et tragédie en Grèce ancienne*, Paris, Maspéro, 1981 (inicialmente publicado em *Raison Présente*, n. 4, 1967).

Édipo que luta com a fortuna (o novo nome do destino) para tentar vencê-la ou, pelo menos, reduzir seu alcance. Assim, não se passa apenas de Tebas a Colono: é muito mais que isso. Agora veremos líderes que não conhecem limites — e essa ilimitação deixa de ser *hybris* para se tornar algo celebrado, elogiado. É da natureza da cidade ou do reino expandir-se. “Conservar seu Estado”, o intuito de todo príncipe segundo o próprio Maquiavel, exige a constante conquista de territórios alheios. Durante milênios, as doutrinas mais variadas tiveram em comum uma defesa da limitação; agora, com a modernidade e o capitalismo, a superação dos limites adquire sentido e primazia. Agir seguindo planos, longe de ser vão e quase louco, passa a ser o caminho certo do espírito num mundo que, para recordar o que diz Max Weber, se racionaliza cada vez mais.

Chegamos, agora, a outro príncipe novo, o mais nobre de todos, porque Suetônio conta que sua família, a *gens* Julia, alegava descender da própria deusa Vênus. Falamos de Júlio Cesar, aquele cujo nome depois aparecerá como prenome do filho Borgia, outro de nossos personagens neste livro. Júlio César tem seu momento decisivo, literalmente *crucial*, quando — depois de uma carreira vitoriosa, uma verdadeira corrida às honras, desde sua vitória sobre os piratas que o aprisionaram ainda jovem até os anos que passou conquistando as Gálias — decide atravessar o Rubicão, pondo tudo em jogo (*jogo*: “Os dados sejam lançados”), do qual sairá vencedor ou derrotado, governante absoluto ou traidor, chefe de Estado ou inimigo público.

Pois, logo antes de tomar sua mais importante decisão, César tem um sonho em particular, no qual possuía, sexualmente, a mãe. Esse episódio, narrado secamente por Plutarco um século após o acontecimento, ganha uma interpretação mais tarde, na obra de Suetônio, *A vida dos doze Césares*, que, por sinal, dá o nome do general como título alternativo à primeira dúzia de imperadores romanos. É um sonho: o que Freud dizia de Édipo se aplica melhor a César, porque aquele efetivamente matou o pai, mas sem o saber, sem o desejar, enquanto César sonhou — dois mil anos antes da *Interpretação dos sonhos* — a posse da mãe. Mas seu sonho é traduzido pelos intérpretes romanos como uma mensagem que fala em dominação do mundo: a mãe é a Terra. Talvez por isso mesmo fosse mais adequado falar em complexo de César do que de Édipo, mas vejam: um sonho, ainda mais premonitório, dissolve por completo o horror que Freud descobre no interior de nossa psique. Terá César sentido culpa? Muito pelo contrário.

Na véspera de transpor o Rubicão, sua ação mais decisiva, aquela que o faz deixar de ser um general poderoso entre muitos para se tornar quem disputa — e ganha — o poder supremo em Roma, conta Plutarco: "E diz-se que, na noite anterior à travessia do Rubicão, Júlio César teve um sonho ímpio; tinha a impressão de que ele próprio copulava com a mãe, cópula nefasta."[9]

9. Tradução graciosamente efetuada, a partir do original grego, pelo Centro de Estudos Helênicos (arete.org.br) — Núcleo de Idiomas.

A passagem é curiosa. Está no final do capítulo 32 da *Vida de César*. (Como Plutarco escreve *Vidas paralelas*, sempre uma grega e outra romana, o paralelo de César é — tão obviamente — com Alexandre.) No parágrafo em que o sonho incestuoso encerra, Plutarco conta o que se passou *depois* do sonho. Inverte a ordem da narração. Assim, chegando ao rio que a lei romana proíbe de ser atravessado com tropas, César discute com os amigos o que deve fazer; prosseguir com seu exército significa dar o que hoje chamamos de um golpe de Estado. Ele ouve os amigos, hesita; por fim, medita sozinho e, de súbito:

> Mas finalmente, tomado pela paixão, como se abandonasse todo cálculo e se lançasse no futuro, e pronunciando a frase que os homens geralmente enunciam ao se jogarem na fortuna desesperada e audaz, "Os dados sejam lançados", precipitou-se para cruzar o rio; e, a toda velocidade, antes de raiar o sol, ele invadia Rimini e tomava posse desta cidade.

E é somente após isso que Plutarco insere a evocação do sonho incestuoso (embora anterior à discussão e à decisão), do qual depois não falará mais nada. Mas a localização do sonho no texto, ainda que precedido de um "Diz-se que", faz supor que sonhar com a posse sexual da mãe lhe conferiu *poder*. Aliás, esse mesmo sonho foi narrado por Suetônio décadas depois; diz o

---

Agradeço a Vicente Azevedo de Arruda Sampaio e a Paula Dume a ajuda para obter uma tradução de qualidade para essa passagem de Plutarco, bem como a de Suetônio, citada adiante.

historiador romano que César teria sonhado o incesto quando era questor na Espanha, dezoito anos antes do episódio contado por Plutarco; mas o que nos interessa é que, segundo Suetônio, se seguiu uma interpretação. Os intérpretes de sonhos disseram ao general que sua mãe significava a Terra, *parens* universal, que lhe ficaria submetida:

> Estando Júlio César ainda confuso por causa da noite seguinte — pois sonhara que, em meio à quietude, dormira em desonra com a mãe [*stuprum matri*] —, os intérpretes de sonhos [*coniectores*] infundiram-lhe imensa esperança, interpretando que o sonho prognosticava o poder sobre a orbe do mundo, já que a mãe que ele vira submetida a si não seria senão a terra, tida como a progenitora de todos os homens [*omnium parens*].[10]

Por que falar aqui em César? Porque sonhar uma relação sexual com a mãe não é nada excepcional, como, aliás, já afirmava Jocasta na peça de Sófocles: "A ideia de que profanarás o leito de tua mãe te aflige; mas tem havido quem tal faça *em sonhos*... O único meio de conseguir

10. Suetônio, *A vida dos doze Césares*, cap. 7 da "Vida de Júlio César". "César", nome do general golpista, é também utilizado para aqueles a quem chamamos de imperadores romanos (*imperator*, na verdade, era coisa menor, durante a república: um título com o qual os soldados aclamavam um general vitorioso). *Parens* não tem determinação de sexo ou gênero — é genitor, genericamente falando. Tradução, agora do latim, também realizada pelo Centro de Estudos Helênicos (arete.org.br) — Núcleo de Idiomas.

a tranquilidade de espírito consiste em não dar importância a tais temores."[11]

Mas principalmente porque o César de Suetônio, embora num primeiro momento fique perturbado (*confusum*) com seu sonho na Espanha em 67 a.C. — até que os adivinhos o sosseguem e convertam seu pavor em esperança —, adquire confiança em seu poder graças, justamente, aos intérpretes. Claro que não estamos lidando, aqui, com a realidade, mas com representações. Plutarco terá escrito sua biografia de César (em grego) no ano 75 de nossa era; Suetônio (em latim), pelo ano 121. É muito difícil supor qual deles estaria certo. O importante, porém, não é saber quem teve razão sobre a data do sonho, que teria ocorrido mais de um século antes do primeiro relato que nos chegou a respeito, nem sequer se ele de fato teve lugar. A questão é que, nos dois casos, o sonho resulta — explicitamente, embora a longo prazo, na narrativa de Suetônio; implicitamente, mas de imediato, na de Plutarco — na conquista do poder sobre todo o mundo ocidental.

O sonho de César, apenas contado por Plutarco ou interpretado por Suetônio, é um sonho de poder — ao contrário do que acontece com Édipo. Mas por que o incesto desgraça Édipo e agracia César? Por que um perde tudo, enquanto o outro ganha o mundo?

Podemos dizer, é óbvio, que Édipo se desespera porque realizou na vida real, no estado de vigília, o que César apenas sonhou; e que, por ser um sonho, o episódio

11. Grifo meu; é bom lembrar que ela fala em tese, não imaginando ainda que fosse ela a mãe que se deitou com o filho.

de César pode ser interpretado e transformado em algo positivo, ao passo que a situação de Édipo — que seria o que em psicanálise se chama de atuação (*acting out*) ou passagem ao ato — impede toda interpretação.

(A não ser, curiosamente, a do próprio Freud, que verá na ação de Édipo o sonho de todo filho; mas, com isso, ele transpõe para o mundo onírico o que na tragédia é real. Freud segue o que diz Jocasta quando tenta tranquilizar o marido. E é curioso que a rainha veja como algo banal, sem importância, aquilo que Freud transformará em "peste", que, segundo uma lenda ligada a sua viagem a Nova York, ele e a psicanálise teriam introduzido no mundo.[12] Finalmente, será que o Freud inventado por Lacan, espantado com a multidão que o aguardava no cais nova-iorquino e que não sabia que ele lhe trazia algo assustador, terrível, "a peste", terá lembrado que Édipo, seu complexo de estimação, sucumbiu na tentativa de vencer em Tebas a devastação operada por uma... peste?)

Com os sonhos, podemos lidar. O insuportável em Édipo é que ele *realmente* praticou o parricídio seguido

12. Aludo à lenda segundo a qual, chegando a Nova York com Jung e vendo, do navio, uma multidão de fãs que se preparava para acolhê-los, Freud teria dito: "Eles não sabem que lhes trazemos a peste." O conhecimento, assim, antes mesmo de ser libertador, é assustador. Devasta. "Não é certo que Freud tenha dito tal coisa. Parece mais provável que se trate de uma invenção de Lacan, que a transmitiu numa conferência que fez em Viena, em 1955", diz António Guerreiro ("O 'caso Trump' ou a psipeste", *Público*, 2 out. 2020. Disponível em: https://www.publico.pt/2020/10/02/culturaipsilon/cronica/caso-trump-psipeste-1933296. Acesso em: 15 set. 2021).

de incesto, e ainda mais um incesto que gerou vários filhos, que são também seus irmãos.

Quando Vernant diz — com razão — que Édipo não desejou matar o pai ou desposar a mãe, porque simplesmente não sabia quem eram eles, Freud poderia responder-lhe que Édipo, *no fundo*, desejava isso — porém, com muito mais razão, lhe replicaríamos que talvez fosse esse o desejo de Sófocles, o autor da tragédia, não de seu personagem trágico, que o é justamente porque o destino o governa. O destino, não o desejo, protagoniza a tragédia grega. Esse, o grande erro de Freud em sua leitura da peça, ou pelo menos o deslocamento que ele efetua em sua matéria-prima. Para os gregos, respondemos pelas consequências do que o nosso destino ditou, mas não o desejamos. Na verdade, a tragédia de Édipo é que ele fez tudo o que pôde para fugir a seu destino, mas sem sucesso; nem poderia, num mundo trágico, ser de outra forma. Destino não é desejo.

O que é brutal em *Édipo rei* não é o sonho, em que Freud vê despontar o desejo — como diz Jocasta, muitos sonham possuir a mãe —, mas a dura, implacável realidade. Daí também que o papel de quem interpreta os sonhos seja diferente nos dois casos. Os adivinhos romanos (ou hispânicos?) interpretam o sonho de César de forma pacificadora, construtiva, deixando-o certamente feliz. O sonho, decifrado, se revela excelente. Já o adivinho tebano, primeiro personagem a surgir na peça grega, se recusa a falar; e isso porque Tirésias detém uma verdade terrível. Ele não estará interpretando, mas dizendo a verdade, "a áspera verdade".[13] Tirésias não interpreta: diz. Revela.

É curioso que a história de Édipo vá sustentar toda uma linhagem de interpretações freudianas do sonho e da psique, quando essencialmente ela é a *negação* absoluta do sonho, da interpretação e da multiplicidade. (Interpretações são, por definição, múltiplas.) Voltemos ao que diz Jocasta sobre os muitos indivíduos que sonham fazer sexo com a mãe; ela fala como uma psicanalista. Não descreve uma realidade, mas um desejo. Freud, na verdade, se põe no lugar dela. Freud torna-se Jocasta. O problema da tragédia é que a interpretação, que seria tranquilizadora, é negada em nome de uma realidade que nenhum perfume de Arábia poderá lavar. Ela falou num desejo que, a seu ver, é inocente (o que, para Freud, já *não* será — nesse ponto, melhor seria para nós que ele tivesse sido grego!); ele verá, nesse desejo, o núcleo das culpas que nutrem nossa vida psíquica.

Imaginemos que Freud tivesse lido Suetônio em vez de assistido à peça de Sófocles, ou simplesmente lhe tivesse dado mais importância. Se Freud assumisse como sua a leitura de seus antecessores, os quais, como ele, interpretavam sonhos, teríamos um complexo de César, não um de Édipo. (Ou seja, Freud rompe com a

13. A expressão é de Danton e, obviamente, não tem nada a ver com o caso de Édipo.

tradição antiga da interpretação do sonho como uma adivinhação, como algo que remete ao futuro e fora do indivíduo, a uma verdade externa e superior à pessoa. Ele *interioriza* o sonho, torna-o *subjetivo*, eis a sua diferença frente aos *coniectores*.)

Em comum, Édipo e César foram homens poderosos, vitoriosos. Mas a diferença é que o destino de um termina tragicamente e o de outro, não. É claro que César foi assassinado, e talvez seu próprio filho — ou alguém a quem ele dedicava afeto paternal — tenha participado do assassinato. Curiosamente, em seu final, César vive o — ou morre no — papel que foi de Laio… Regicídio, parricídio, incesto aproximam nossos dois personagens — mas o papel de cada um é diferente em relação a esses temas.

Ser morto no Senado, no auge da glória, deixando um legado que duraria séculos sob a forma do Império, o qual adotará seu nome próprio como título alternativo para os imperadores (a obra de Suetônio narra a vida dos *doze Césares*), é totalmente diferente de se descobrir um monstro, um amaldiçoado. O terrível em Édipo é que ele é monstruoso sem o querer, sem ter feito nada, consciente ou voluntariamente, para acumular a culpa quase ilimitada que se abate sobre ele. César é um herói, Édipo, um banido. O sonho de César prevê e garante sua vitória. A ação de Édipo destrói sua obra e sua vida.

Um eventual *complexo de César*, o que seria? Isso supondo que Freud seguisse Suetônio em vez de Sófocles. Não seria nada fácil essa mudança; uma coisa é evocar uma tragédia, com todo o seu enredo, outra é citar uma curta passagem numa biografia. Mas sabemos, na versão de Suetônio, que o sonho deixou César "confuso". A calma, a satisfação lhe vieram graças aos intérpretes — *coniectores,* os que *conjeturam* — que prefiguram na cultura romana o papel do analista na nossa. O sonho terá sido ruim, mas a descoberta de Édipo é bem pior. Isso porque o sonho pode ser recuperado pela interpretação, ao passo que aquilo que Édipo fez está além de toda interpretação. Poderá, com Freud, servir de chave interpretativa, mas é a chave não interpretável, ela mesma, das interpretações. E tudo é ainda mais curioso porque, se pensarmos como Freud que um sonho realiza, a seu modo, um desejo, César desejou possuir a mãe e saiu ileso, ou, melhor ainda, recompensado, enquanto Édipo não o quis, ou não o desejou, e saiu de sua história desgraçado.

Porém, para concluir esta parte, o caso César presume que o sonho não é um desejo, expresso pela psique do romano, mas uma mensagem que lhe enviam os deuses. Boa parte do que hoje chamamos de vida psíquica seria, no mundo antigo, externa ao indivíduo. Ou melhor, com Freud ou com seus antecessores imediatos — certamente não os *coniectores* que alegraram César na Espanha —, surge algo que se chama psique, vida psíquica, que instaura no interior do indivíduo muito do que lhe era exterior. O *coniector* fazia adivinhações, porque conectava o sonho com o mundo, que, por sua vez, incluía os deuses. Já o analista usa o sonho para decifrar o mais íntimo que existe, a vida psíquica. Por isso, não havia culpa — embora possa haver uma confusão temporária, fácil de superar graças a boas e divinas palavras — em sonhar fazer sexo com a mãe. É um augúrio de poder, não algo com que se preocupar. Os *coniectores* dizem a César: não se preocupe, seu sonho é ótimo. Talvez fosse esse o papel deles, talvez assim ganhassem as melhores recompensas.

◎ ◎ ◎

Édipo é um *príncipe* novo. Inaugura uma dinastia, ou pelo menos assim imagina. De seu sangue virão os futuros reis de Tebas, e, como tem vários filhos, a sucessão está assegurada. Ora, príncipes novos são um dos maiores interesses de Maquiavel. Uma coisa é ter uma legitimidade assegurada por uma longa linhagem que se perde na noite dos tempos. Outra, precisar assentar uma nova legitimidade, o que exige a liquidação de outros pretendentes, um governo de bases sólidas, uma sucessão garantida.

(César também é um governante novo, o que venceu seus rivais e, finalmente, dominou Roma. Não desfrutará por muito tempo do pleno poder, já que ainda existe uma oposição substancial — que o assassina. Mas garante sua sucessão — ainda que, eis um ponto de atenção, graças a um filho *adotado*, Otávio Augusto. Seu possível filho adulterino, Bruto, esteve entre os que o mataram. Seu herdeiro só é revelado ao se abrir o testamento de César, não é seu filho de sangue — e triunfa, consolida o Império, assegura a sucessão, bem como séculos de poder em Roma.)[14]

Mas Édipo já conseguiu, antes mesmo de ascender ao trono, o que Maquiavel vê como tarefa decisiva dos príncipes novos. Tornou-se "o melhor", "o primeiro", "o mais poderoso dos homens" ao eliminar a esfinge. Assim alcançou a realeza, por granjear o respeito e a lealdade de seus súditos. Tudo nele respira sucesso, antes das poucas horas fatais — nem sequer a unidade de tempo que poderia consistir em 24 horas — em que se desenrola a tragédia, precipitando-o do apogeu ao abismo. Maquiavel prescreve que o príncipe deva fazer o bem sempre que possível, e o mal quando necessário. Mas Édipo é um príncipe novo que não precisa fazer o mal, porque não será necessário. Suas ações passadas visaram todas ao bem dos tebanos. Também é assim que ele entende suas ações presentes.

Na verdade, Édipo unifica as qualidades do *rex bonus* ou *justus* medieval, tomista, e as do príncipe maquiaveliano. Do primeiro, traz a moral. Suas ações foram boas em termos éticos. Do segundo, traz a eficiência. Suas ações foram positivas para a cidade. Ora, o que veremos nas poucas horas trágicas é a verdade má do que parecia bom, a falha geológica no que parecia positivo. Porque se chegou a um impasse. Ou Édipo se contenta em não saber, cessa o inquérito e se salva, junto com sua

---

14. Séculos de poder imperial, mas com uma hereditariedade bem relativa... Golpes de Estado são frequentes, e rara é a sucessão que siga algum princípio hereditário, já entre os primeiros doze Césares.

família, mas Tebas será assolada pela peste, sem que se saiba até onde esta irá, talvez a ponto de exterminar a população — e, nesse caso, não será nem *rex justus*, nem príncipe eficiente —, ou ele segue o caminho que acabou trilhando, e assim se desvenda a maldade presente no regicídio inicial, bem como a ineficiência do atual rei, que foi capaz de salvar Tebas da esfinge, mas lhe causou um mal novo e terrível. Talvez ainda pior, porque a esfinge matava as pessoas fora da cidade, enquanto a peste agora mata dentro dos muros de Tebas. O mal se interiorizou. Quem se confinasse em Tebas, ou saísse da cidade em grandes grupos, provavelmente escaparia da esfinge. Já a peste não tem limites: poderá matar a todos. O que é próprio das doenças invisíveis. As consequências da ascensão de Édipo ao trono são piores do que os benefícios, ainda que tenham tardado tanto tempo a se manifestar. Mais um traço da tragédia: não há síntese possível. Não há conciliação, não há saída.

Maquiavel, varrendo o velho equilíbrio que prevalecia no universo (o *cosmos* dos gregos) e na sociedade humana (sua transposição latina para o mundo dos homens, como *justitia*), inaugura o mundo em que vivemos. Mas seria ilusório imaginar que esse criador de si mesmo que é o príncipe (exemplo para o homem moderno ou talvez, mais ainda, o pós-moderno) se resuma a um feliz planejador de atos à luz da razão. Um resíduo trágico obceca sua vida. Já não é o da *hybris*, o da desmedida que cegou Édipo. Será bem mais brando. É o da *fortuna*, de tudo o que ronda a ação humana consistente (a *virtù*) e, assim, torna tão frágil construir este mundo. Este Maquiavel pouco se parece com o da tradição. Não é um apologeta do mal, nem um defensor irrestrito da racionalização do mundo. É quem muda o roteiro de Édipo. É quem faz o impossível de Sófocles tornar-se o desejo da modernidade, difícil, sem dúvida, mas, ainda assim, possível. Substituir a *hybris* pela fortuna é uma verdadeira façanha política. O fracasso de Cesare Borgia é muito diferente da desgraça de Édipo.

A peça grega se chama *Oidipous tyrannos*. Esta última palavra significa que se trata de um rei que chegou ao poder por via torta, não pela herança. Mas o caráter trágico de Édipo reside exatamente no fato de que ele não é tirano, mas *basileus*, rei legítimo, porque filho de Laio. Se fosse *tyrannos*, não seria parricida nem incestuoso. A chave da tragédia é que, embora fosse basileu, ele pensa, e todos pensam, que é tirano. (Não esqueçamos que tirano possui dois sentidos diferentes ao longo da história do pensamento: quem chegou ao poder por via torta, isto é, por defeito de título; quem exerce o poder injusta e desmedidamente, isto é, por defeito de exercício. Na Grécia, chamar alguém de *tyrannos* não significa necessariamente desmerecê-lo.)

Já Cesare Borgia é, de fato, um tirano. Os poderes que tem, ele os adquiriu — como diz Maquiavel, pelas armas alheias ou por doação de outro, fazendo, aliás, o mal sempre que necessário. O jovem Borgia não herdou nada. (A tragédia de Édipo é que, sem o saber, ele é o legítimo herdeiro do trono que assume.) São duas tragédias opostas. A mais terrível, que leva a um misto de condenação e de pena — porque os demais que estão no palco sentem mais comiseração do que asco por Édipo —, é a de quem rompeu as barreiras que separam pais e filhos. A tragédia de Cesare Borgia é mais banal: não passa de uma derrota. Perdeu apenas o que tinha, inclusive a vida. Mas não há horror em seu final. Esta, a derradeira diferença entre os dois: a *hybris* suscita uma nêmesis; já o infortúnio é tão somente isso mesmo.

Finalmente, ou a meio caminho entre os dois, Júlio César bem que desejou ser *tyrannos.* Há anos que procura quebrar as instituições, ocupando esse lugar no alto delas. Atravessando o Rubicão, rompeu toda a institucionalidade republicana. Tornou-se um traidor, só lhe resta vencer ou morrer — ou, como dirá um otimista presidente efêmero do Brasil, Fernando Collor, "vencer ou vencer". Será morto pelo próprio (suposto) filho. Mas outro filho (adotado postumamente) realizará sua obra, criando um Império Romano no qual, com o passar do tempo, haverá cada vez mais tiranos do que basileus.

O que deveria ter feito Édipo em *Édipo rei*? Aparentemente, a melhor saída para ele, numa perspectiva pessoal, seria deixar a peste continuar assolando Tebas. Seria não consultar o oráculo, contentar-se com procissões, rezas e sacrifícios. Mas isso poderia destruir Tebas. Talvez não restasse ninguém para contar a história. A desgraça de Édipo pode ser a salvação da cidade. (Ela prenuncia um episódio que Max Weber situa nas *Histórias florentinas*, de Maquiavel, em que alguns cidadãos aceitam a danação de suas almas para salvar a república.[15] Mas é claro que isso a partir da hipótese de que Édipo tivesse *deliberadamente* escolhido destruir-se, o que vai contra todo o ritmo que constrói a tragédia — na verdade, contra o próprio sentido do que é *tragédia*.) Édipo salvou Tebas, primeiro a protegendo — embora sem saber que seria premiado pela vitória sobre a esfinge. Salva-a uma segunda vez danando-se —, embora sem saber que desta vez seria amaldiçoado. Da primeira vez, seu destino e o da cidade se uniram, num feliz matrimônio. Da segunda, os vínculos de Édipo com a cidade se romperam. Mas, se há história, isto é, enredo, tragédia, é porque Édipo se sacrificou pela cidade. Da primeira vez, salvou-a e foi recompensado; da segunda, foi punido — embora também a tenha salvado. E nos legou sua história, que, repito, mal conheceríamos se fosse ele apenas o vitorioso sobre a esfinge. Precisou ser o destruidor de si mesmo para conquistar uma indesejada e lastimável

15. Merece citação o elogio de Max Weber, em seu *A política como vocação*, a esse episódio: "Em bela passagem de suas *Histórias florentinas*, se exata minha lembrança, Maquiavel alude a tal situação e põe na boca de um dos heróis de Florença, que rende homenagem a seus concidadãos, as seguintes palavras: 'Eles prefeririam a grandeza da cidade do que a salvação da alma'" (M. Weber, *Ciência e política: duas vocações*, trad. Leonidas Hegenberg e Octany Silveira da Motta, São Paulo, Cultrix, 2004, p. 121). A associar com a carta de Maquiavel a Francesco Vettori, em 1527: "Amo minha cidade natal mais do que minha própria alma" — citada em http://ianchadwick.com/machiavelli/chapters-1-7/chapter-1-home-town-kingdoms/.

celebridade. Concluo com uma recomendação: levem mais a sério o Édipo maduro — mais que isso, velho —, que, em Colono, se absolve de toda culpa. É melhor viver sem culpa, mas, se não for possível, pelo menos morram sem ela.

Virtù e fortuna nos presidentes brasileiros

Há uma distinção importante no pensamento político da cristandade medieval, em especial o de Bartolo de Sassoferrato, entre o *tirano por defeito de título* e o *por defeito de exercício*. O tirano por defeito de título é quem chegou ao poder sem ter legitimidade para tanto, isto é, alguém que não era o herdeiro legal nem, nos raros casos de monarquia eletiva, foi escolhido rei pelos meios corretos. É o usurpador, eventualmente o conquistador. Já o tirano por defeito de exercício é aquele que, independentemente de ter acedido ao trono com ou sem legitimidade, viola o que é certo no poder. Não o usa: abusa. Descumpre a ética, a lei e a fé. É arbitrário, caprichoso, segue seus desejos e não os princípios éticos, legais, religiosos. Não é um rei bom ou justo. Nos dois casos, o tirano carece de legitimidade, seja desde o início, seja a partir do momento em que saiu da via justa.[1]

1. Limito-me à Idade Média cristã, enfatizando o *Tratado da tirania*, de Bartolo (conhecido também por outros títulos), porque, no mundo islâmico, a sucessão ao trono não costumava, nem costuma, ser rigorosamente hereditária. Assim, na Arábia Saudita, os seis

Tomemos como referência a distinção entre aquisição e exercício do poder. Esqueçamos, porém, a questão da tirania; consideremos simplesmente que a diferença entre *aquisição* e *exercício* é útil para pensar como um governante enfrenta as dificuldades de sua missão. Já disse que, na democracia, todo governante é novo e que Maquiavel é um dos poucos pensadores que tematizam a tomada do poder. A rigor, porém, a questão da *virtù* e da fortuna se estabelece mais na consolidação do poder do que em sua conquista. Vamos, então, discutir se os nossos presidentes mais recentes chegaram ao poder, e nele permaneceram (ou não), pela *virtù* ou pela fortuna. Em resumo, distinguiremos duas tarefas importantes na democracia: como se chega ao poder e como ele se exerce. Faremos as combinações possíveis entre aquisição e exercício, entre *virtù* e fortuna, tomando o caso dos presidentes brasileiros desde o fim da ditadura, em 1985.

---

monarcas que sucederam ao primeiro rei — Ibn Saud — foram, todos, seus filhos; aparentemente, apenas à morte do atual rei Salman é que a coroa passará a uma outra geração. No Império Otomano, a sucessão não beneficiava necessariamente o filho de uma esposa do sultão falecido — podia ser o rebento de uma concubina —, e, antes mesmo da tomada de Constantinopla, se tornou praxe, por parte daquele que ganhava a disputa pelo trono, mandar matar todos os seus irmãos. Mesmo monarquias muçulmanas que seguem, em princípio, a ideia ocidental de sucessão hereditária ao trono, como as do Marrocos e da Jordânia, podem alterá-la por simples decisão do monarca reinante. Os conceitos de tirano de que falo são ocidentais.

José Sarney é um caso óbvio de chegada ao poder pela fortuna — na verdade, o *infortúnio* de Tancredo Neves. Primeiro presidente da Nova República, quando aceitou concorrer na chapa de Tancredo como seu vice, imaginava que sua vida política estivesse encerrada. Um tempo antes, o humorista Jô Soares fazia um de seus personagens recusar, indignado, a vice-presidência. Semana após semana, repetia-se o *sketch*: "Alguém já viu avenida Vice-Presidente Fulano de Tal? Ponte Vice-Presidente...?" Jô Soares jogava com a vaidade dos políticos: quem aceitaria a vice-presidência, cargo que usualmente é um nada? Que memória se teria de quem não teve poder? O que tinham sido os cinco vice-presidentes do regime militar? Deles, o único a se destacar foi Aureliano Chaves, que, justamente por isso, era detestado pelo titular do cargo, João Baptista Figueiredo, apenas porque o vice trabalhava, nos seus interinatos, muito mais do que o presidente, este aborrecido com os deveres da presidência, mas cioso de seus ouropéis.

Contudo, a inesperada doença e a consequente morte de Tancredo Neves elevaram Sarney à presidência e lhe deram uma sobrevida política de décadas. Sua família continuou governando o Maranhão por quase trinta anos, sendo que, nesse longo período, na única vez que o povo elegeu um governador de oposição a ele, em 2006, uma polêmica decisão judicial cassou seu mandato (três anos depois da eleição) e devolveu o poder ao clã — no caso, à sua filha. Graças a essa decisão do Tribunal Superior Eleitoral, Roseana Sarney pôde ser reeleita em 2010, de modo que a família controlou o Maranhão até sua derrota, em 2014. O próprio Sarney estendeu seu poder político ao Amapá, pelo qual foi senador por três mandatos, somando um total de 24 anos, período em que presidiu duas vezes o Senado. É possível que, não fosse a morte de Tancredo, ele tivesse se consagrado mais à escrita, à Academia Brasileira de Letras — e seu poder regional se apagasse cedo.

Se José Sarney deveu o título à fortuna, no exercício do poder não demonstrou uma *virtù* notável. Reconheçamos que as condições eram difíceis. Não se esperava que fosse ele o presidente, nem mesmo era o nome óbvio para ser vice. Poucos meses antes de compor a chapa com Tancredo, ele presidia o partido do governo militar, o PDS, e, nesse papel, lutou contra a emenda Dante de Oliveira, que devolveria ao povo o direito de eleger o presidente da República. Sarney era muito associado ao regime militar, o que reduzia sua legitimidade para ser o primeiro chefe de Estado após o fim da ditadura. Aliás, após um ano de mandato, poucos dias antes de Sarney editar o Plano Cruzado, que lhe deu um ano de popularidade, seu próprio líder no Congresso, o senador Fernando Henrique, fazia uma declaração bastante negativa a seu respeito.

Tudo mudou com o Plano Cruzado, que, no início de 1986, congelou os preços e deu aumento real aos salários. Mas foi apenas uma pausa na inflação, que já vinha do regime militar e acabou marcando o seu governo, além de minar sua efêmera popularidade. O plano de combate ao aumento ininterrupto de preços, o primeiro de uma série que apenas terminaria em 1994, foi, na prática, abandonado imediatamente após as eleições do final de 1986 para governadores e a Constituinte, nas quais seu partido, o PMDB, obteve amplo êxito. Essa mudança de política, tão logo concluída a eleição, inaugurou uma sequência dos chamados "estelionatos eleitorais", que teriam um custo para a sociedade, obviamente, mas também para quem os praticou; a eles, voltaremos.

Assim, devendo o poder à fortuna, Sarney não conseguiu ter um governo tranquilo, uma legitimidade inconteste — o que, no entanto, não necessariamente depõe contra sua capacidade de liderar. Quando tratamos de *virtù* e fortuna, fica em aberto se julgamos pelos resultados obtidos ou pela competência. Estamos nos referindo a traços subjetivos ou a fatos objetivos?

Vejamos o que nos diz Maquiavel sobre Cesare Borgia. É errado considerar que fosse ele seu herói, seu modelo; Maquiavel, de fato, o conheceu e o admirou, mas pode ser mais pertinente atribuir esse papel ao rei Fernando de Aragão, mencionado em termos elogiosos em *O príncipe*.

Maquiavel celebra o modo como Cesare procurou transformar o que ganhou pelas armas alheias (as do pai papa, as do aliado rei de França) em patrimônio seguro — esforçando-se em fazer o necessário para a fortuna se converter em algo garantido, graças à sua *virtù*.

Aqui está nossa grande questão. Tivemos dois presidentes, dentre os quatro que concluíram o mandato para o qual foram eleitos desde 1989, que chegaram ao poder por indicação do incumbente — por "armas alheias", diria Maquiavel. É a situação de Cesare. A pergunta que se estabelece é: será esse príncipe frágil capaz de se vitaminar? Mostrará *virtù*?

Cesare, afinal, fracassa, mas por quê? Porque, quando morreu o pai, ele também estava à morte. Os dois aparentemente haviam sido envenenados, de modo que realmente o filho não teria, naquele momento decisivo em que precisava consolidar seus aquestos, meios de fazê-lo.

> Nas ações do Duque, [...] não acho razão para censura; quer-me parecer, ao contrário, que deva ele ser *proposto como exemplo a todos os que por sorte e com as armas alheias subirem ao poder*. Pois, sendo de espírito forte e de grande ambição, não podia governar de modo diverso. Aos seus fins apenas se opuseram a brevidade da vida de Alexandre e a sua própria enfermidade. Portanto, se crês necessário, num principado novo, prover-te contra os inimigos, fazer amigos, vencer quer pela força, quer pela astúcia, fazer-te amado e temido pelo povo, ser seguido e ganhar o respeito dos soldados, extinguir os que podem ou devem ofender, renovar as instituições antigas por leis novas, ser severo e agradecido, magnânimo e liberal, extinguir a soldadesca infiel, formar nova, consolidar amizades dos reis e dos príncipes, de maneira a serem-te solícitos no benefício e temerosos de ofender-te, torno a repetir que exemplos melhores não encontrarás do que nos atos do Duque. (grifo meu)

Até aqui, Maquiavel diz que Cesare teve o máximo de *virtù*, somente falhando devido ao peso da fortuna, mas agora mostra como poderia ter tido um pouco mais de cuidado — uma espécie, se quisermos citar fora de época uma frase famosa de Sade, de *encore un effort*, mais um esforço:

> Pode-se acusá-lo apenas quanto à criação de Júlio papa, escolha má, pois como ficou dito, não podendo eleger papa a quem desejava, podia evitar que o fosse quem não quisesse. Jamais deveria ele consentir no papado de um dos cardeais a quem tivesse ofendido ou que, tornado papa, tivesse de temê-lo. Porque os homens ofendem ou por medo, ou por ódio. Aqueles aos quais ele ofendera eram, entre outros, os cardeais de S. Pietro ad Vincula, Colunna, San Giorgio, Ascânio. Todos os demais, se viessem a ser papas, tinham motivo para temê-lo, menos o de Ruão e os espanhóis; estes por força de aliança e obrigação, aquele pela força ao rei de França. O Duque devia, pois, trabalhar para a eleição de um Papa espanhol; não o conseguindo, devia consentir que o Papa fosse o cardeal de Ruão e nunca o de S. Pietro ad Vincula. Erra quem julgar que, nas grandes personagens, os benefícios novos levam ao esquecimento de antigas injúrias. O Duque, portanto, errou, nessa eleição, ele mesmo causou a sua definitiva ruína.

Cesare Borgia é, assim, um homem moderno, autor de seu próprio destino. Se falhou, não foi, como Maquiavel dirá no penúltimo capítulo de *O príncipe*, apenas porque metade de nossas ações é governada pela fortuna (uma observação quase grega), mas porque não mostrou *virtù* suficiente. Ele poderia, deveria ter ido até o fim em sua trajetória edípica. Na verdade, fosse ele grego, diríamos que até teria feito demais, tanto que sua *hybris* atraiu sobre si a desgraça; mas, sendo moderno, era de esperar que fizesse *ainda mais*, que tivesse mais e mais *virtù*, a vacina contra a fortuna.

Assim, Maquiavel primeiro o elogia por ter demonstrado elevada *virtù*, sendo que apenas a fortuna — o infortúnio de estar gravemente doente quando se deu a sucessão papal — o derrotou, mas nem por isso diminuiu o mérito que lhe devemos reconhecer. E, no entanto, Maquiavel parece se corrigir logo em seguida: Cesare poderia ter feito mais! A primeira avaliação aponta a *virtù* do agente político como algo mensurável, ou, pelo menos, elogiável, mesmo que não leve ao sucesso na empresa política. Já o segundo juízo sugere que — *talvez* — o êxito seja a medida. São medidas em sentidos possivelmente diferentes. No primeiro caso, talvez se possa *quantificar* a *virtù*. Quanto dela teve o agente político? Já no segundo caso, a medida é sim ou não. Venceu ou perdeu? Fernando de Aragão venceu, Cesare perdeu.

Mas, se pensarmos numa quantificação, chegaremos à pergunta, crucial em política, de como se opera uma redução de danos. Em outras palavras, dado que o plano A de Cesare não deu certo, poderia ele ter agenciado planos sucessivos — B, C, talvez até Z — de redução dos danos que ocorreriam? O que Maquiavel propõe, na última citação, não é mais uma vitória plena, e sim uma limitação das perdas. Sarney não venceu, certo — mas tampouco perdeu. Se nosso critério for sim ou não, vitória ou derrota, ele valerá *para as guerras*. Mas, se pensarmos *na política*, não serão mais adequadas a escala quantitativa, a métrica matizada, a capacidade que mostra o político, perdido seu objetivo máximo, de realizar metas intermediárias, menos ambiciosas, mas, ainda assim, bem-sucedidas?

Não é assim que agem os políticos mais capazes? Quando seu principal plano fracassa, não procuram eles alternativas que minimizem seus prejuízos? Não conseguindo realizar o que seria sua utopia, não passam à redução de danos? Digamos: não deu para se eleger presidente, tente o cargo de vice, algum ministério importante, uma secretaria, uma embaixada; não conseguiu nada disso, busque se reeleger parlamentar; se também não funcionou, procure preservar seus bens, sua liberdade, em último caso, sua vida, a mera vida. Fazer política é oscilar permanentemente entre uma pauta agressiva, de vitória, o plano A de Cesare, e uma pauta defensiva, de proteção do que foi alcançado, o plano B que ele não soube implementar e, assim, o levou a perder tudo, títulos, bens e vida.

Mas fica a pergunta: Sarney teve *virtù*, mas não a suficiente para domar uma conjuntura dificílima, ou o fato de não a ter dominado atesta que ele não teve *virtù*, que foi refém da fortuna em sua forma de governar? Se chegou ao poder graças à fortuna, que então lhe sorriu, podemos dizer que, apesar disso, o exerceu de forma insuficiente, derrotado pela mesma fortuna (que se converteu em infortúnio)? E a questão teórica: há diferentes graus de *virtù*? Uma pessoa com muita *virtù* pode, ainda assim, ser vencida pelas circunstâncias, enquanto outra com menos *virtù* obter o que quer por ter sido bafejada pela fortuna? (A *virtù* seria uma capacidade, uma competência intrínseca à pessoa — ou é medida pelo sucesso ou fracasso *externo* dela?) E ainda: se metade de nossos resultados se deve à fortuna, por que diríamos que o êxito é a grande medida da *virtù*? Ele pode meramente decorrer de uma grande fortuna. Ou seja, a primeira ideia — a de que a *virtù não* se mede pelo êxito nas ações — parece correta. (Mas não quer dizer que a *virtù* seja intrínseca, que independa do resultado das ações.) Sarney, então, teve *virtù*, ocorre apenas que ela não foi suficiente para uma conjuntura difícil demais. *Virtù* se quantifica, essa é a nossa hipótese.

Sarney terminou o mandato, impopular. Como os demais vice-presidentes que assumiram a presidência na falta do titular desde 1985, todos vinculados ao PMDB[2], ele soube, porém, manejar com maestria o Congresso

2. Sarney tinha saído do partido da ditadura, o PDS, do qual era presidente, filiando-se ao PMDB apenas para disputar a vice-presidência. Contudo, se na época talvez tivesse a intenção de deixar o PMDB para juntar-se à Frente Liberal, a dissidência de seu antigo partido que tornou possível a eleição de Tancredo (e dele), tal projeto acabou ao suceder Tancredo na presidência. Nessa altura, se deixasse o partido que fizera oposição à ditadura por vinte anos para se filiar a um que largara o apoio ao regime de exceção apenas alguns meses antes, passaria uma sensação enorme de frustração e esbulho aos eleitores. Já Itamar Franco deixara o PMDB, filiando-se ao partido de Collor, o PRN, para concorrer ao cargo de vice; esteve sem partido durante a maior parte tanto do mandato de Collor e quanto do próprio mandato, mas, posteriormente, voltou ao PMDB. Temer, por sua vez, foi sempre do PMDB. O que todos eles têm em comum: a participação no partido que, de 1985 para cá, foi o maior, ou um dos maiores, no Parlamento por mais tempo.

nas questões que realmente lhe interessavam e que, na verdade, acabaram se resumindo numa principal: impedir que seu mandato fosse abreviado para quatro anos, ou seja, bloquear a antecipação do término de seu governo. Tinha sido eleito para seis, num casuísmo da ditadura; a tendência da Constituinte era promover eleições presidenciais em 1988; ele aceitou perder um ano dos seis previstos, mas não dois. É difícil saber se essa foi uma decisão feliz para ele porque, em seus doze meses derradeiros, o Brasil conheceu uma hiperinflação em escala inédita, com o presidente se desgastando tanto que as eleições terminaram consagrando o candidato que mais o ofendera durante a campanha. Caso as eleições se realizassem um ano antes, é possível que fosse eleito Ulysses Guimarães, o candidato do partido presidencial, PMDB, que, em 1989, acabaria ficando entre os menos votados; mas também é certo que entre Ulysses e Sarney as relações nunca foram harmônicas. A rigor, Sarney não teve candidato nas eleições para sua sucessão. Nem mesmo isso.[3]

Já Fernando Collor, seu sucessor, é um caso claríssimo de *virtù* na aquisição do poder, o único na Nova República além de Lula. A semelhança ao ideal proposto

---

3. O que não o impediu de ter sido talvez o melhor ex-presidente que o Brasil já teve. Aqui não falo de presidente, mas de um papel distinto, que é o de "ex-presidente": um sábio. O paradigma deve ser Jimmy Carter, que perdeu a reeleição, mas se consagrou como um lutador pelos direitos humanos e pela lisura nas eleições. Sarney mostrou, em seu primeiro mandato como presidente do Senado e nas relações internacionais, uma desenvoltura que foi bastante positiva — até que a imprensa, quando ele concorreu pela segunda vez à direção da Casa Alta, decidiu demonizá-lo.

em *O príncipe* pode até se acentuar se lembrarmos que, no ano de sua eleição, 1989, a Rede Globo lançou, no primeiro semestre, uma novela — *Que rei sou eu?*[4] — em que um jovem e valoroso *príncipe*, representado por Edson Celulari, derrotava os cortesãos e nobres corruptos de seu reino; mais do que isso, coisa única na história da emissora, a novela foi reprisada já no segundo semestre do mesmo ano, em plena campanha eleitoral e, na verdade, como parte dela. Evidentemente, a semelhança está apenas nos nomes, do livro *O príncipe* e do personagem príncipe da novela, até porque o primeiro emancipa a política da moral cristã, enquanto o programa da Globo exaltava um governante dinâmico (como Collor) e honesto. Vale a pena lembrar que, de 9 de janeiro a 12 de agosto do mesmo ano, a emissora exibiu a novela *O salvador da pátria*, cujo papel-título é o de um senhor simples e pobre, mas honesto, que acaba surgindo como regenerador da política numa cidade que serve de metáfora ao país.[5]

Conta-se que a decisão de disputar a presidência foi tomada por Collor num jantar com dois amigos em Pequim, um deles o futuro senador Renan Calheiros, que depois se descolaria dele e alçaria voo solo. Os amigos perceberam que havia um vazio de poder no campo da direita. A esquerda tinha dois nomes fortes, Brizola e

4. De Cassiano Gabus Mendes. A novela esteve no ar de 13 de fevereiro a 16 de setembro de 1989, em 185 capítulos — e reprisada de 23 de outubro e 29 de dezembro do mesmo ano, numa versão condensada em cinquenta capítulos. Lembremos que os dois turnos da eleição presidencial ocorreram em 15 de novembro e 17 de dezembro de 1989.

5. Novela de Lauro César Muniz.

Lula. Já os nomes tradicionais, ou mesmo os novos, do centro e da direita não dispunham de fôlego. Collor usou sua juventude — o nome de seu partido, a princípio, era Partido da Juventude — e as medidas que tomara contra funcionários de remuneração muito elevada no estado que governava, Alagoas, como marcas de propaganda. Esses funcionários eram chamados de marajás; ele utilizou a *brand* de caçador de marajás. Soube, portanto, aproveitar muito bem as circunstâncias para conquistar o poder. Demonstrou a capacidade de perceber a oportunidade, o *kairós*, como os gregos chamavam o tempo entendido como o momento azado de realizar alguma coisa, em que poderia chegar à presidência.

Uma vez eleito, porém, não teve *virtù*. É verdade que procurou manter a imagem de extrema energia. Prometeu derrotar a inflação com um *ippon*, o nome de um golpe certeiro nas lutas marciais orientais. Disse que deveria "vencer ou vencer" (a inflação, sempre). Adotou o mais audacioso dos planos de combate à desvalorização da moeda, proclamado já no próprio dia de sua posse. E fracassou. Parece ter confundido *virtù* com impetuosidade ou, mesmo, desmedida. Em seu decisivo capítulo XXIV, *O príncipe* explica que o governante deve saber qual a atitude mais adequada para as circunstâncias em que estiver. Deve ser maleável, plástico, se quiser moldar o mundo. Ou seja, para moldar a política, ele próprio tem de se moldar à realidade cambiante. Há muitos tipos de circunstâncias, portanto muitos tipos de personalidade convenientes a cada uma delas; mas, em última análise, eles se reduzem a dois, dependendo do tipo de atitude que deve tomar o governante: cauteloso ou arrojado.

Outras diferenças de modo de ser podem ser superadas: um governante avarento pode gastar mais, um perdulário pode poupar. Mas aqui encontramos o limite insuperável para a flexibilidade, para a própria *virtù*: quem é cauteloso jamais mostrará arrojo, quem é audacioso nunca será capaz de cautela. O filme *Kagemusha, a sombra de um samurai* (1980), de Akira Kurosawa, ilustra bem essa ideia de Maquiavel. No final do século XVI, época de intensos conflitos no Japão, um general à beira da morte manda encontrar um sósia, a quem incumbe de substituí-lo pelos três anos que se seguirem a seu desaparecimento. Tudo o que fará o substituto, um plebeu, será encenar uma vida que já não existe, mas isso para que seus exércitos não ataquem: sejam como a montanha — é a instrução — que permanece imóvel, e, assim, todo uso de força contra ela se autodestrói. Durante esses anos, o filho e sucessor do general morde o freio, ansioso por guerrear; finalmente, quando o prazo expira, ele assume o poder e manda as tropas atacarem. O resultado é sua derrota fragorosa. Evidentemente, era tempo de cautela.

Collor parece ter confundido prudência, que nunca teve, com arrojo, que tinha de sobra. No poder, manteve a postura do jovem audaz dos tempos de candidato, praticando quase todo domingo um esporte radical, a ponto de sua própria mãe assinar um artigo na última página da revista *Veja*, rogando ao povo brasileiro que pedisse a ele que parasse, que cuidasse da segurança, que não expusesse a vida. Que a mãe se sentisse obrigada a vir a público parecia ser indicativo de que as coisas iam mal: para precisar escrever numa revista ao filho, pior, necessitar pedir à sociedade que persuadisse o rebento arrogante, era porque as comunicações no seio da família estavam ruins. Piorariam.

Ele fracassou. A inflação voltou, Collor não teve maioria no Congresso. A essa altura, já perdia popularidade, porque não entregou o que tinha prometido — no caso, a vitória sobre a inflação, condição para o desenvolvimento econômico e a superação de uma situação crítica permanente em que vivia o Brasil desde o governo Figueiredo. Caiu. Faltou-lhe *virtù* para governar. Sarney teve *virtù*, se pensarmos que se salvou do final de Cesare Borgia, mantendo-se no poder; ainda que seu Plano Cruzado tenha durado menos de um ano, ele teve seus planos B, C, D (não apenas econômicos: planos de contingência). Fez o que Cesare não pensou em fazer. Se falhou junto ao povo, foi porque as dificuldades eram grandes demais para a competência que de fato tinha. Collor, por sua vez, nem competência possuía. Soube conquistar, não soube manter. Sua *virtù* se esgotou na conquista do poder. Não teve talento para conservá-lo.

Seu sucessor imediato, seu vice, ascendeu essencialmente devido à fortuna. Não fosse a queda de Collor, Itamar Franco jamais chegaria à presidência. Manteve-se discreto durante a agonia do governo Collor. Mas essa discrição foi um sinal, ainda que básico, de *virtù*. Perto do desenlace, Collor lhe propôs que renunciassem ambos, o que Itamar recusou, porque estavam afastados, e mesmo rompidos, desde o começo do mandato presidencial.

Aparentemente, Itamar não articulou o afastamento de Collor — pelo menos não de forma pública. Foi sábio, até porque era desnecessário ele participar da derrubada do titular. Agiu com uma discrição que faltaria, depois, a Michel Temer. Collor terminou o mandato isolado. Teve pouquíssimos votos a seu favor na decisiva votação da Câmara dos Deputados, nem mesmo quarenta (Dilma, que também seria afastada, teve cem votos a mais que ele). Conservando um perfil discreto, Itamar assegurou a dignidade de sua investidura na presidência. Assim, mostrou alguma *virtù* na ascensão ao poder, mas pela cautela, não pelo arrojo. Sua *virtù* esteve, inicialmente, em sua forma de aproveitar a fortuna.

É possível que, caso se mantivesse como vice de Collor, Itamar viesse a disputar e ganhar o governo de seu estado, Minas Gerais, que era o seu sonho — talvez, seu maior sonho —, como de fato faria depois de deixar a presidência. O governo presidencial de Itamar foi difícil, em especial devido à inflação. Contudo, o Plano Real, implantado três meses antes da eleição de seu sucessor, lhe conferiu uma popularidade até mesmo retroativa — fazendo ressaltar as qualidades de sua gestão —, embora a vitória sobre a inflação fosse amplamente atribuída a Fernando Henrique Cardoso, que, como ministro da Fazenda, foi quem a viabilizou. Houve até mesmo a circulação de uma blague segundo a qual "Fernando Henrique era o primeiro sucessor que fazia um presidente" (uma brincadeira maldosa e injusta com a frase habitual sobre o presidente que faz seu sucessor).[6] O PSDB, partido de

6. Ver M. Coelho, "Itamar encena mito do 'homem qualquer'", *Folha de S.Paulo*, 30 dez. 1994. Disponível em: https://www1.folha.uol.com.br/fsp/1994/12/30/ilustrada/17.html. Acesso em: 17 set. 2021.

Fernando Henrique, só reconheceria o mérito de Itamar na adoção do plano às vésperas da morte deste, em 2011.

Pode-se dizer que, no exercício do poder, Itamar demonstrou uma certa *virtù*, mas que não lhe foi tributada, e sim a seu sucessor. Em suma, teve *virtù* nas duas chaves, no acesso ao poder e em seu exercício, porém tão discreta que parece mais remeter a uma grande redução de danos — num período turbulento, em que conseguir isso já era uma façanha — do que a uma vitória visível, a uma agenda positiva. É como se, mais do que promovido grandes bens, tivesse impedido maiores males. Essa será sua diferença em relação a Lula, de quem diremos que mostrou *virtù* na chegada ao poder e igualmente em seu exercício.

◎ ◎ ◎

Com Fernando Henrique Cardoso, temos outro presidente que chega ao Planalto graças à fortuna — e, em seu caso, a este adicional (ou esta subtração) que são as armas alheias. Foi escolhido por Itamar, que, àquela altura, graças ao Plano Real, que reduziria a inflação às vésperas do pleito, poderia indicar qualquer nome de sua base política para a candidatura à presidência. Mas, se Itamar o escolheu, quem o elegeu foi o real. Curiosamente, no dia em que Fernando Henrique foi nomeado ministro da Fazenda, iniciando a plataforma a partir da qual decolaria para a presidência, segundo os jornais, o carro que o transportava passou literalmente por cima do pé de José Serra, seu correligionário, do qual se imaginava que fosse o nome mais apto do partido de ambos, o PSDB, para a área econômica. Essa foi uma metáfora do que aconteceu: Serra poderia ter comandado a adoção do Plano Real, assim se credenciando para a presidência — cargo que jamais ocupou, embora muito o desejasse —, mas foi atropelado pelo amigo, mestre e rival. (Na política, as metáforas dizem muito.) É verdade que, no momento em que Itamar indicou seu candidato à sucessão, Lula era o favorito, mas, semanas depois de implantado o Plano Real, em julho de 1994, o candidato governista tomava a dianteira nas pesquisas — e ganharia as eleições de outubro já no primeiro turno. A rigor, qualquer nome que Itamar indicasse triunfaria naquele pleito, vitaminado pela contenção do processo inflacionário.

No exercício do poder, Fernando Henrique mostraria ampla *virtù*. Teve uma capacidade política notória, obviamente beneficiada por não haver mais o fantasma da alta inflação, que prejudicou os presidentes desde João Figueiredo. Durante a campanha, a economista Maria da Conceição Tavares, que migrara para o PT depois de ter sido uma referência importante no PMDB, questionou um amigo do candidato, perguntando se este conseguiria mandar em Antonio Carlos Magalhães, o poderoso político baiano. E, em seu primeiro mandato, haveria um momento em que — com Magalhães presidindo o Senado, e seu filho Luís Eduardo, a Câmara —, a revista *IstoÉ* estamparia na capa uma foto dos dois com o presidente da República e a manchete: “O pai, o filho e o espírito santo”, um título bem-humorado, ainda que maldoso. O espírito santo, como se sabe, é a terceira pessoa da Trindade — a menos conhecida e prestigiada.

A capa punha o presidente na dependência de pai e filho, que se situavam politicamente à sua direita. No entanto, por mais engraçado que fosse o título da *IstoÉ*, não correspondia à realidade. Com efeito, depois da inesperada morte de Luís Eduardo Magalhães, em 1998, que poderia ter sido o sucessor de Fernando Henrique em 2002, o presidente esvaziou, gradual e seguramente, os poderes de Antonio Carlos. Foi esse o arremate da *virtù* de FHC. Se chegou ao poder por uma indicação arbitrária — qualquer nome escolhido por Itamar, no ano do Plano Real, ganharia a eleição —, acabou conseguindo exercê-lo por suas capacidades próprias.

Pertence a suas capacidades o fato de ter completado o segundo mandato quando sua popularidade havia despencado. Para a reeleição, praticou o que seus críticos chamaram de um novo "estelionato eleitoral", o segundo da Nova República, mantendo o dólar barato e as benesses do Plano Real quando seus economistas já alertavam para a necessidade de uma correção de rota. Conseguiu a reeleição e prontamente mudou o plano econômico, a mesma coisa que Sarney fizera em 1986 e Dilma faria em 2014. Seu segundo mandato foi impopular por isso, mas também porque coincidiu com uma crise econômica ampla, mundial. Contudo, assim como Sarney antes dele e Temer depois (mas ao contrário de Dilma), garantiu a maioria no Congresso e pôde governar até o fim. Mais que isso: conseguiu comprometer os candidatos a sua sucessão com o FMI, reduzindo a capacidade de manobra deles e assegurando a governabilidade até seu último dia, ainda que o dólar tenha chegado a quatro reais naqueles meses, ou seja, mais de quatro vezes do que a quase paridade das moedas com que iniciara seu primeiro mandato. E ainda fez com que a mídia culpasse o medo ao PT pela depreciação do real em vez de responsabilizar seu governo. Assim, é inegável que mostrou muita *virtù* no exercício do poder.

Sua *virtù* esteve certamente ligada a seu domínio da arte de comunicar-se com um público letrado, de classe média e mais abastado.[7] Num sentido, seu governo é impressionante, tanto por haver convertido seu débito com a fortuna em crédito, devido à *virtù* de que fez mostra, quanto por conseguir a aliança das classes antes chamadas "conservadoras" em torno de um projeto que incluía, ainda que moderadamente, programas sociais.

Fernando Henrique, como Sarney antes dele e Temer depois, garantiu-se contra o *impeachment* graças ao apoio congressual que teve — mas também à sustentação da mídia, que foi mais dura com os outros dois. Por sinal, ainda hoje, a mídia nacional o trata com uma deferência que implica uma imunidade a qualquer questionamento. Basta comparar as entrevistas, por escrito ou ao vivo, que ele dá aos órgãos de imprensa brasileira com aquela que concedeu a Stephen Sackur para o programa *Hard*

7. Em meu livro *A pátria educadora em colapso: reflexões de um ex-ministro sobre a derrocada de Dilma Rousseff e o futuro da educação no Brasil* (São Paulo, Três Estrelas, 2018), desenvolvo as diferenças que vejo entre a comunicação de FHC e a de Lula, a primeira citando com frequência Max Weber, a segunda usando metáforas mais populares.

Talk, da BBC, em 8 de outubro de 2007.[8] "Eu mudei o país", diz ele. Replica o jornalista: "Não tenho tanta certeza. O senhor acredita mesmo nisso?" Enquanto na mídia brasileira as perguntas são curtas e as respostas do ex-presidente, longas, não costumando haver réplica dos jornalistas, na BBC o tempo dos dois é parecido, e cada afirmação de FHC se viu prontamente contestada.

Das duas características que compõem a prudência, o arrojo e a cautela, segundo Maquiavel, se Collor nunca deixou a primeira, FHC se distinguiu pela segunda. (Há traduções de *O príncipe* que confundem prudência e cautela. Na verdade, a prudência — ou *sapientia*, sabedoria, o saber que não consiste no conhecimento, mas na ação — é a capacidade de ser *ou* cauteloso *ou* arrojado, conforme a necessidade. A prudência é uma virtude difícil, tanto assim que Maquiavel diz que é praticamente *impossível* a mesma pessoa ser capaz de se mostrar ora cautelosa, ora arrojada.) A audácia de Collor lhe deu a presidência, mas também a tirou dele. Cardoso, ao contrário, homem da palavra e do diálogo, soube constantemente administrar conflitos. Houve disputas entre seus apoiadores[9],

8. "Hardtalk BBC FHC", vídeo (14'32"), 8 out. 2007, repostado pelo canal Joabe Cavalcanti, 26 ago. 2010. Disponível em: https://www.youtube.com/watch?v=cNhs2d_ScW4. Acesso em: 17 set. 2021.

9. Um exemplo, que não teve impacto político porque afetou especialmente o meio acadêmico mais próximo de FHC, foram as críticas do professor José Arthur Giannotti, amigo do presidente, ao aliado do governo Antonio Carlos Magalhães, em 1995. O político respondeu às críticas, duras, com ofensas. O presidente, obviamente, não tomou partido. Ver, por exemplo, Giannotti, "Política da malvadeza", *Folha de S.Paulo*, Opinião, 10 set. 1995. Disponível em: https://www1.folha.uol.com.br/fsp/1995/9/10/

das quais ele saía fortalecido: afinal, a cada vez, ele se mostrava aquele que efetuava a síntese entre as particularidades em conflito.

Em termos hegelianos, os correligionários em conflito ficavam cada um na sua particularidade, enquanto o presidente se revelava o único capaz de gerir ou mesmo gerar o universal. Talvez o presidente do Brasil só dê certo quando consegue essa síntese hegeliana das particularidades num universal, mesmo que este seja precário. Penso que a frase atribuída a FHC, de quando o Supremo Tribunal Federal deferiu um aumento salarial a servidores públicos que perturbaria a política fiscal e econômica do governo, resume bem esse monopólio do universal pela presidência da República: "Eles não pensam no Brasil", teria ele dito. A distinção da presidência frente aos partidos (palavra que já indica a particularidade, a partição) e aos demais poderes constitucionais estaria na capacidade de ver o país como um todo e de fazê-lo andar. Talvez seja este um dos aspectos essenciais da *virtù*: ser capaz de dirigir o conjunto; melhor, ser o *único* capaz disso. Quando, desde o governo Dilma, a presidência perde essa capacidade, ela — e o sistema todo — entrará em crise.

◎ ◎ ◎

Estamos lidando com os sete ou oito presidentes que tivemos desde 1985; por isso mesmo, cada um tem

opiniao/9.html. Acesso em: 17 set. 2021. Lembrando que Toninho Malvadeza foi um apelido dado ao político baiano por seus críticos.

suas características singulares. Lula se destaca pela intensidade da *virtù*. Tal como Collor, ele alcançou a presidência à mercê de sua *virtù*. Mas, enquanto seu rival, vitorioso na eleição de 1989, chegou ao poder ao termo de uma *blitzkrieg*, na qual, em poucos meses, mesmo desconhecido, conseguiu reunir o apoio da mídia — em especial da poderosa Rede Globo — e do grande capital, além do voto dos pobres não organizados, que viam nele um salvador de tipo sebastianista, Lula só ganhou sua quarta disputa presidencial em decorrência de um empenho ininterrupto ao longo de mais de vinte anos. Em outras palavras, Collor aproveitou uma janela que se abriu por um curto espaço de tempo, um *kairós*, uma oportunidade breve, enquanto Lula construiu ao longo de décadas sua ascensão ao poder. Um teve a *virtù* do aventureiro (aqui, sem nenhum sentido pejorativo), outro, a do guerreiro. Collor nada seria não fosse aquele instante em que se mostrou o homem certo no lugar certo — e que ele soube perceber e agarrar. Lula, ao contrário, moldou, ele próprio, o tempo.

Essa é a diferença do *kairós*, do tempo asado ao alcance do príncipe com olhar de lince, e do tempo construído laboriosamente por quem asado — ao fim e ao cabo — o domina. Collor afirmou certa vez que "o tempo é senhor da razão", querendo dizer que os ataques a ele seriam desfeitos com o tempo (enganando-se seriamente a respeito), enquanto Lula se mostrou, sem exagero, senhor do tempo. Não no sentido de aproveitar uma oportunidade gerada pela conjuntura — pela fortuna —, mas no de sua *virtù* consistir justamente na *produção* dessa temporalidade favorável. Collor foi um político hábil;

Lula, o construtor não apenas da ocasião política, mas de suas bases sociais. Seria impossível a vitória de Lula, em 2002, não tivessem ele e o PT forjado um contexto social em que a revolta contra a miséria e a corrupção ofereceu, como resultado, a oportunidade de vencer o pleito. Para Collor, a oportunidade foi tudo; para Lula, efeito, não causa.

A *virtù* de Collor — como, antes, a de Jânio Quadros e, mais tarde, a de Bolsonaro — foi ter o discurso e o *páthos* disponíveis no momento certo. Jânio se opôs à inflação e ofereceu a uma direita sem votos sua demagogia. Collor prometeu acabar com uma inflação que se tornava superlativa e também proporcionou a uma direita, cujos candidatos se esvaíam na impopularidade, um nome em quem a população podia projetar toda sorte de esperanças. Como Jânio e Bolsonaro, foi um demagogo. Tornou-se uma tela, uma página em branco, na qual tudo podia ser desenhado, em parte pelo que diziam ele e as forças que o apoiavam, em parte pelas expectativas que uma sociedade estressada depositava nele — assim como em Jânio e Bolsonaro, em seus devidos tempos. Fez promessas que não teria como implementar. Faltavam-lhe as condições objetivas e também equipe para isso, no que, por sinal, prefigurou Bolsonaro. (Deles, o único que tomou posse com um ministério mais qualificado foi Jânio.) Os três, além disso, resumiam os problemas do Brasil na corrupção, que prometiam varrer do mapa — um, literalmente, com seu símbolo, uma vassoura; outro, com a caça aos marajás; o terceiro, com o repúdio à "velha política".

Nenhum deles foi candidato da racionalidade; os três fizeram farto uso do *páthos*. O manejo das emoções, em especial a indignação com a má qualidade dos serviços públicos — e, por conseguinte, do Estado —, pela qual culpavam a corrupção promovida por elites sempre descritas de maneira tão vaga que podiam até mesmo ser vinculadas imaginariamente à esquerda, caracteriza tal apelo recorrente à demagogia. Esse tipo de discurso irresponsável se acompanha, curiosamente, do apelo à racionalidade, apregoado pelos economistas e empresários que apostaram nesses três nomes. Esse, o problema das elites empresariais e dos economistas próximos delas, ao longo de décadas de história brasileira: insistem na necessidade de uma política econômica racional, denunciam "a esquerda" por sua irresponsabilidade, irracionalidade ou vocação ideológica, mas só conseguem atingir o poder se aliando aos mais demagógicos dentre os políticos, que, por sua vez, fazem as promessas mais inexequíveis que se possa encontrar no mercado. Uma contradição que, repetindo-se três vezes — com Jânio, Collor e Bolsonaro —, mostra que não é fortuita. E que sempre porta, por isso mesmo, os germes de uma explosão.

Além disso, sempre que houve eleições presidenciais democráticas — isto é, de 1945 a 1960, e, de novo, a partir de 1989 —, a direita se mostrou incapaz de emplacar *insiders* de sua família política. Nos tempos oligárquicos, entre 1894 e 1930, todos os nomes que foram proclamados vitoriosos, em pleitos absolutamente fraudados, pertenciam à própria oligarquia, a maior parte se constituindo de advogados e muitos tendo exercido cargos de poder em seus estados.[10] Praticamente não houve *outsiders*.

Contudo, desde que as eleições se tornaram mais limpas, jamais a direita as ganhou com pessoas que ascenderam dentro dela; sempre teve de apelar, para vencer, a nomes de fora. Três deles foram os demagogos mencionados. O único não demagogo, sensato e racional — ademais, o único deles até hoje a concluir o mandato — foi Fernando Henrique, que direcionou a direita para o rumo do centro. Ele completou o trabalho de seu partido de origem, o PMDB, no sentido de convencer a família política conservadora a deixar de apostar em golpes de Estado e em demagogos. Finalmente, havia sido próximo do Partido Comunista, tinha noção do que precisava ser feito no plano social, e iniciou programas nesse sentido.

É digno de nota que, em todas as eleições limpas brasileiras desde 1945, opuseram-se um nome à direita e outro à esquerda; notem que eu não disse "de", mas "à" direita ou esquerda; direita e esquerda são posições, relações, não substâncias. Dutra não era de esquerda, mas estava à esquerda de Eduardo Gomes; FHC não era de direita, mas se situou à direita de Lula. Em todos esses casos, repito, o lado à direita só ganhou com *outsiders*, apenas um deles sendo um político racional e sensato.

Mas, voltando a Lula: sua *virtù* não foi a do demagogo, porém a do líder que se constrói e constrói seu partido ao

---

10. Dos oito civis que se elegeram presidentes na República Velha, apenas dois — Epitácio Pessoa e Artur Bernardes — não se formaram na Faculdade de Direito do Largo São Francisco, em São Paulo.

longo de muito tempo. Numa *live* de que participei com ele e outros ex-ministros da Educação em 22 de abril de 2020[11], quando comentei que o PT precisava empregar melhor as formas de comunicação novas — por exemplo, preferindo a utilização de clipes curtos, de poucos segundos, a *lives* longas, que podem se estender por até duas horas, como foi com a nossa —, ele me respondeu contando uma ocasião em que fora ao Acre, a convite de Chico Mendes. Depois de um longo voo de São Paulo a Rio Branco, tomaram um veículo que os levou, ao termo de quatro horas, a uma cidade distante, onde iam falar. E não havia ninguém para ouvi-los. Foi esse trabalho de formiguinha que lapidou sua *virtù*.

Temos, então, dois exemplos de *virtù* na conquista do poder: uma que consiste em agarrar o momento, em aproveitar o *kairós*, que foi a de Fernando Collor e talvez — veremos adiante — a de Bolsonaro; outra que se constitui em *construir* a oportunidade, em prepará-la, de modo que a vitória não é propriamente uma surpresa, mas algo forjado num trabalho meticuloso e com inúmeras falhas. Isso lembra o que diz Marx da "revolução social do século XIX", no *18 de brumário*: ao contrário das revoluções burguesas, que vão de sucesso em sucesso rapidamente, mas deixam um resultado muito aquém de sua retórica, a revolução progressista dá alguns passos

11. "Lula debate com ex-ministros da Educação: tempos de pandemia", vídeo (113'42"), 22 abr. 2020, publicado pela página oficial de Lula no Facebook. Disponível em: https://www.facebook.com/Lula/videos/lula-debate-com-ex-ministros-da-educa%C3%A7%C3%A3o-tempos-de-pandemia/1357156587810188/. Acesso em: 17 set. 2021.

à frente e vários para trás, avança para recuar, se autocritica constantemente, mas, no fim das contas, apenas nela o significado vai além do significante.

A segunda forma de *virtù* tem mais a ver com a ideia de *processo* do que com a de *acontecimento*. Percebe-se que ela está chegando — embora possa dar errado, claro — a partir de uma série de ações que configuram um sentido, ao passo que o acontecimento é singular e exibe forte caráter de fortuidade. Uma vitória como a de Lula aponta uma *virtù* que, *a posteriori*, lhe confere uma certa aparência (ainda que relativa) de necessidade histórica, enquanto uma como a de Collor apresenta um quinhão mais elevado de imprevisto, de fortuna. Não por acaso, a *virtù* de Collor é a do príncipe da novela, multiplicando cenas de espadachim, quase uma história de capa e espada. É uma *virtù* que depende estreitamente da fortuna. A expressão "homem certo na hora certa" vem bem a calhar: não houvesse a hora, o *kairós*, não teria havido o *vir*, a *virtù*. Já uma *virtù* elaborada ao longo dos anos ajuda, ela própria, a construir a conjuntura, dentro da qual a fortuna irá manifestar-se. São, assim, categorias distintas de *virtù*, uma forte, outra fraca. Talvez, e friso o *talvez*, a continuidade das duas histórias dependa do tipo de *virtù* que foi demonstrado. Uma *virtù* fraca sucumbe mais facilmente à fortuna, como aconteceu com Collor. Uma *virtù* forte é resiliente ante as ameaças mais vigorosas.

Uma palavra, aqui, sobre as metáforas. Nunca elas foram tão fortes quanto nos críticos anos iniciais da Nova República. Se alguém escrevesse um romance em que o presidente morresse logo antes de assumir — o que o *Jornal da Tarde* metaforizou após a morte de Tancredo, estampando em sua capa a história de Moisés, que vislumbrou a Terra Prometida, mas não chegou a entrar nela —, para ser substituído pelo antigo líder do partido da ditadura, essa peça de ficção possivelmente seria rejeitada pelos editores. Mas esse romance inverossímil foi verdadeiro: ele figuraria o que aconteceu na realidade — talvez, como um apólogo da demorada recuperação da democracia depois das longas trevas do regime militar.

Um segundo momento de fortes imagens foi a era Collor. Ele acabou caindo a partir das denúncias de seu irmão Pedro[12]: repetiu-se a cena grega dos Átridas, que culmina quando Atreu dá de comer ao irmão Tiestes os próprios filhos deste. Contei que Leda Collor teve de apelar à sociedade para que acalmasse o filho presidente; o irmão do presidente, por sua vez, denunciou-o por corrupção. O despeito, o ódio, o rancor montaram o espetáculo que culminaria na queda de Collor. Não por acaso, fez parte dele uma cena adicional, em que o presidente, depois de uma briga íntima com a primeira-dama, apareceu em público sem a aliança de casamento: a colunista Danuza Leão o criticaria severamente por essa grosseria. O mundo privado, íntimo mesmo, invadiu o

12. Prestadas em entrevista a Luís Costa Pinto, que as narra no detalhe em seu recente livro *Trapaça* (2 v., São Paulo, Geração Editorial, 2019/2020), que prefaciei.

público. Que uns anos mais tarde, o carro de um ministro atropelasse seu rival para um cargo foi apenas uma metáfora a mais.

Não por acaso, os anos metafóricos coincidiram com um *páthos* em alta temperatura. O país parecia sempre à beira do caos. As emoções ferviam.

Fez parte da *virtù* de Fernando Henrique a substituição das metáforas e da tragédia dos Átridas pela prosa. Disse, à época, um jornalista influente que ele era prosaico, que suas falas eram banais, o que obviamente contrastava com a formação acadêmica que tinha, possivelmente a mais refinada de todos os presidentes brasileiros, mas penso que tornar prosaica a vida política foi um ganho, possivelmente deliberado, proposital. Assim, ele deu calma ao país. É como se desaparecessem as conotações e ficássemos apenas com o que era denotado; como se as figuras de linguagem cedessem lugar a uma fala unívoca, sem tensão, ainda que também sem poesia. FHC terminou assegurando a passagem da presidência a seu primeiro titular que pode ser situado à esquerda (ou na centro-esquerda, como se prefira), e isso sem traumas — fora, claro, o dólar hipervalorizado (mas que depois retrocedeu a valores mais administráveis).

Já o seu sucessor, Lula, representou uma épica de esquerda. Num ensaio mais antigo, falei de uma épica de direita representada por Fernando Collor.[13] O príncipe de *Que rei sou eu?* oferecia uma história heroica, na

13. "A política como espetáculo", in: E. Dagnino (Org.), *Anos 90: política e sociedade no Brasil*, São Paulo, Brasiliense, 1994, p. 31-40.

qual um personagem impoluto de sangue real derrotava os inimigos sem princípios. Voltava à cena o tema do combate à corrupção, do qual Carlos Lacerda tanto se valeu para destruir a democracia de 1945, mas, desta vez, Collor prometia também uma melhora nas condições de vida, em avanços sociais, o que não fazia parte do pacote lacerdista. Collor se elegeu à mercê de um entusiasmo que FHC não conseguiria. Embora multidões pedissem em 1994, num aeroporto no interior da Bahia, que o candidato coautor do Plano Real autografasse cédulas da nova moeda, ele não despertou as paixões dos presidentes eleitos logo antes e logo depois dele.

Lula trouxe uma nova épica. A vitória do primeiro presidente de esquerda, do primeiro operário chefe de Estado, trazia consigo uma promessa de mudanças radicais, que foram cumpridas em boa medida.[14] Ele e FHC contrastavam, de todo modo, com a enorme decepção, o senso de traição, que se teve diante de Collor. O entusiasmo foi retomado com Lula, o que talvez tenha sido uma das causas a ampliar — por comparação, por contraste — o descontentamento com Dilma. É possível que, quando ela perdeu a popularidade e depois a própria presidência, em seu segundo mandato, a indignação de seus opositores estivesse agravada por uma decepção dos que a haviam apoiado.

---

14. FHC também cumpriu várias de suas promessas, mas eram diferentes das de Lula. Além disso, o segundo mandato de Lula foi mais popular do que o primeiro, enquanto no caso de Fernando Henrique o primeiro foi mais bem avaliado do que o segundo.

Assim, Lula, além de conseguir o poder pela *virtù*, exerceu-o também por ela. Foi o único presidente democraticamente eleito do Brasil a mostrar essa capacidade tanto na conquista quanto no exercício do poder. Desmentiu, na prática, aqueles que anteviam um governo desastrado e, por isso, desastroso. Nos primeiros anos da longa travessia que o levou ao poder — demorou 21 anos a contar de sua fundação em 1981 para chegar à presidência, ao contrário dos rápidos seis entre o nascimento do PSDB e sua vitória presidencial —, o PT era considerado um partido ético demais, idealista em excesso, para poder governar o Brasil. Depois da campanha ininterrupta — iniciada em 2004 e finalmente vitoriosa em 2016 — para derrubar o PT colando nele a etiqueta de corrupto, é até difícil lembrar que, em seus primeiros quinze ou vinte anos de vida, essa agremiação era considerada *too good to be true*, ética demais para poder fazer política com sucesso e eficiência no Brasil.

Ora, tanto na campanha finalmente vencedora de 2002 quanto em seus oito anos de mandato, Lula conseguiu montar uma base política que garantiu a aprovação da maioria de seus projetos. Talvez apenas o fracasso na prorrogação da CPMF tenha sido uma derrota importante. É verdade que deixou de promover reformas que depois fizeram falta, como a política e a tributária, e fortaleceu instituições como os órgãos jurídicos do Estado, que, mais tarde, agiram para o *impeachment* de Dilma e a condenação e prisão do próprio Lula, tudo isso efetuado sem base legal. Mas, enquanto governou, a lista de sucessos foi bem superior à de derrotas.

Esse êxito acabou levando à eleição de Dilma Rousseff, sua sucessora, apenas com base na indicação dele — um caso de fortuna graças a armas alheias, como FHC em 1994, para citar os dois presidentes que chegaram lá simplesmente porque o sucesso do antecessor garantia seus nomes na urna. Lula, inclusive, disse durante a campanha que, desta vez, "meu nome na urna é Dilma": ela seria ele. Podemos distinguir um presidente como Sarney, que deveu sua ascensão à fortuna (o acaso que foi a morte de Tancredo), daqueles que chegaram ao poder por essa forma acentuada de fortuna que são as armas alheias, casos de Fernando Henrique e Dilma Rousseff. Maquiavel diz que lhe interessa o príncipe novo, que necessita forjar uma obediência antes inexistente, mas distingue, entre os novos, quem chegou lá pela *virtù* e quem o fez pela fortuna; e, no caso da fortuna, quem conseguiu o poder por armas próprias ou por armas *alheias*. Este último caso é obviamente o de Cesare Borgia, que deveu seus domínios ao papa e ao rei de França. Assim, não se trata apenas de chegar ao poder pela fortuna, mas, no caso de Dilma e de FHC, de fazê-lo pelas armas de outrem: o Plano Real assinado por Itamar, a indicação de Lula.

Mas o diferencial será a capacidade que terá o afortunado de mostrar seu valor próprio. Não por acaso, a *virtù* de FHC incluiu o que Itamar entendeu como traição: o ex-presidente esperava voltar ao Planalto, depois de um único mandato de seu sucessor; mas, enquanto isso, FHC se beneficiou da emenda constitucional que, indo contra a tradição brasileira e latino-americana, permitiu sua reeleição. Curiosamente, o enredo se repetiria entre Lula e Dilma: ao final do primeiro mandato dela, questionava-se se ele retornaria, o que ela não quis. A diferença, porém, foi que FHC conseguiu se manter no poder pela *virtù*, o que infelizmente não foi o caso de Dilma.

Quando ela e José Serra, este pelo PSDB, despontaram como candidatos à presidência na eleição de 2010, escrevi um artigo chamando-os de gerentes e contrastando-os com os dois líderes que tinham sido FHC e Lula.[15]

Minha pergunta — em 2009 — era: pode o Brasil ter agora governantes que sejam mais "normais", que não contem com as qualidades excepcionais que demonstraram os dois presidentes anteriores? FHC e Lula sabiam ouvir as áreas técnicas e converter em política o que assim aprendiam — e decidiam. Ambos eram capazes de administrar uma maioria no Congresso, conquistar o apoio popular, falando a públicos muito diferentes entre si, que, no entanto, acabavam se reconhecendo nas políticas deles. Chamei este último ponto de "capilaridade". FHC, em suas duas eleições, tinha o que dizer praticamente a cada segmento da sociedade brasileira. Na ocasião, o PT não era capaz de fazer isso — mas aprendeu e soube fazê-lo posteriormente. E, por fim, como afirmei em outro lugar[16], o presidente do Brasil precisa se entender bem com, talvez, duzentos atores

15. R. Janine Ribeiro, "Líderes, gerentes ou chefes", *Folha de S.Paulo*, Opinião, 15 jan. 2009. Disponível em: https://www1.folha.uol.com.br/fsp/opiniao/fz1501200908.htm. Acesso em: 17 set. 2021.

16. Em meu livro *A pátria educadora em colapso*, op. cit.

importantes da política, economia e sociedade brasileiras; no Congresso; nos governos estaduais; nas grandes prefeituras; no Judiciário; nas agências reguladoras; no PIB; na sociedade civil; se for progressista, no mundo do trabalho; se tiver condições, entre líderes espirituais. Essa base de apoio lhe é fundamental.

Talvez essa característica de dois presidentes tão diferentes entre si — pela linha política, pela história pessoal, pela origem social — seja um dos eixos do que é *virtù*, hoje: a capacidade de traduzir a *expertise*, a tecnicalidade, a informação de qualquer ordem (mas destacando a científica, a das agências de inteligência, das sondagens de opinião pública...), em política. Na verdade, *virtù* sempre se pôde resumir no dom para a política. O que foi *virtù* em Cesare Borgia? Não a força bruta, não as armas, mas o uso que ele fez delas. Vejamos o famoso episódio de Ramiro De Orco, narrado no *Príncipe*. Cesare Borgia conquistara a Romanha, que estava assolada pelo banditismo. Incumbiu então seu lugar-tenente de dar-lhe fim, sem economizar na violência — o que Ramiro conseguiu, mas deixando a população assustada com sua crueldade. Uma manhã, já pacificada a região, os habitantes da principal cidade da Romanha veem, diante do palácio ducal, o cadáver de Ramiro, cortado ao meio de cima a baixo, com a espada que o executou largada a seu lado. Nada se disse, nada se proclamou. Não houve arauto para oferecer palavras: a cena foi muda. Bastava a imagem, era desnecessário acrescentar-lhe uma voz. A ação dizia tudo. O visual dispensava qualquer informação sonora. Era óbvio que Ramiro fora morto a mando de seu senhor. O duque mostrou que, da mesma forma que usara da crueldade por meio de seu lugar-tenente, liquidava-o com igual crueza. Terminou, então, a violência desmedida do braço direito, e nas mentes dos súditos ficou um misto de alívio e pavor — talvez aquilo que Hobbes, mais tarde, chamaria, no *Leviatã*, de *awe*, reverente temor, e que, diz o filósofo inglês, devem os súditos sentir em relação ao soberano.

Essa história mostra que violência não é *virtù*, mas o *uso* que se faça dela. A *virtù* pode estar em ataques militares (cada vez menos), em alianças, em medidas voltadas à popularidade ou, ao contrário, em medidas impopulares adotadas no começo do mandato para que produzam resultados positivos mais perto das eleições; em suma, não é difícil listar uns dez principais campos em que ela se manifesta. Sempre é no uso. Nunca é a medida em si, mas a forma como é trabalhada para trazer impacto político positivo. A mesma medida pode acarretar efeitos bem distintos junto ao eleitorado (pensando na principal forma como hoje definimos a democracia) ou junto ao poder econômico (que, com frequência, é o que controla o desenrolar do mandato, constituindo uma espécie de terceiro turno).

Dilma foi presidente num tempo difícil, quando finalmente a crise econômica mundial de 2008 chegou com força ao Brasil. À época, os próprios êxitos dos tempos petistas passaram a ser vistos como parte da paisagem, não mais como algo que entusiasmasse. O copo que tinha sido enchido pela metade começou a ser criticado pelo vazio que ainda tinha. Após as manifestações de 2013, comentei que a democracia brasileira tivera sucesso em três agendas democráticas ao longo de quase trinta anos: a primeira, a própria democracia, após décadas de ditadura; a segunda, a estabilidade monetária; e a terceira, e mais difícil, a inclusão social, tornada política de Estado pelo PT (as duas realizações anteriores foram lideradas, respectivamente, por PMDB e PSDB). Faltava uma quarta agenda, a da qualidade dos serviços públicos, em especial transporte coletivo, saúde e educação, mas também segurança. Infelizmente, os desdobramentos posteriores fizeram com que não apenas não se chegasse à quarta agenda, como também que as outras fossem postas em xeque.[17]

Fui testemunha desse descontentamento em minha passagem pelo Ministério da Educação, que dirigi de abril a outubro de 2015. Os beneficiados pelas políticas de inclusão educacional criticavam o governo pelo que ficara faltando; em plena crise, com a presidenta ameaçada pela oposição e o orçamento corroído pela queda da economia, eles não apoiavam — e sim cobravam. Era inútil lembrar as conquistas; para usar a expressão dos pais de antigamente, quando o filho trazia o boletim com boas notas, o governo "não fez mais que a obrigação". Teria sido preciso uma nova *virtù*, mas, com exceção do extraordinário programa misto do MEC com a Saúde que foi o Mais Médicos, pouco se ofereceu de novo. A alternativa teria sido apelar ao discurso. Teria sido desculpar-se pelo que não pôde ser feito, culpar a crise, pedir apoio (o eleitor gosta quando ele é chamado a ajudar). Na falta de verba, faltou também o verbo, a retórica.

17. Ver artigo "A quarta agenda da democracia brasileira", em meu livro *A boa política*, op. cit.

◎ ◎ ◎

Muitos acusam Dilma de falta de gosto pela política, mas as condições objetivas tinham mudado, tornando-se mais exigentes, assim como no governo Sarney e no segundo mandato de FHC. Contudo, como vimos, eles sobreviveram, ainda que no modo de redução de danos. Ela, por sua vez, não mostrou *virtù* suficiente para negociar com os cerca de duzentos principais atores que citei, nem sequer para manter pelo menos um terço de apoio em qualquer das Casas do Congresso, o que teria bastado para impedir seu afastamento do poder. Sucumbiu ao infortúnio. Se Lula foi o único presidente nosso no período pós-1985 a exibir *virtù* na chegada e na manutenção do poder, ela foi a única a viver a fortuna nos dois casos. Seus defensores denunciam sempre as injustiças de que ela foi alvo — e concordo plenamente. Mas, na análise política, como é o caso aqui, a inocência ou a indecência não é o crucial, e sim a capacidade de triunfar a partir dos obstáculos. Esta, ela não teve. Não que na política os fins justifiquem os meios, mas governar é difícil, e governar o Brasil, muito difícil.

Voltando à minha pergunta de 2009: *pode um não líder governar o Brasil?* Serra e Dilma, ainda que defendendo projetos diferentes, se apresentaram como dois administradores, não como dois políticos, menos ainda como líderes. O líder empolga. Sabe se comunicar. Collor até soube fazê-lo durante a campanha, mas não no governo. Essa foi sua falha gigantesca, já perceptível no desastroso anúncio das medidas do Plano Collor, logo após sua posse, quando uma ministra ruim de fala e um banqueiro que mal dominava o português não conseguiram explicar sequer o conteúdo das decisões tomadas; e isso apenas piorou com o tempo. Já FHC e Lula foram magistrais nesse ponto. Dilma, infelizmente, fracassou de maneira decisiva na administração do "estelionato eleitoral" que foi sua reeleição em 2014. (A rigor, pode-se sustentar que, dos três "estelionatos eleitorais", o seu foi o menos grave. Ela procurou o máximo possível, mesmo revertendo a política econômica — da mesma forma que Sarney em 1986 e FHC em 1998 —, manter as políticas sociais. Seu problema não foi tanto a inépcia de que foi acusada na gestão, mas o posicionamento implacável contra ela por parte da mídia e da oposição — e sua incapacidade de fazer-lhe frente. Caiu por questões políticas, não administrativas.) Como Sarney em 1986 e FHC em sua reeleição em 1998, Dilma prometeu manter uma política econômica que lhe dava popularidade, mas que ela alterou assim que venceu o pleito. Tal como os dois outros, isso a afastou de qualquer retorno ao poder em eleições presidenciais.

Não critico nenhum dos três. Seguiram a lógica da política. Não acredito muito que algum candidato ganhasse a eleição de outro modo. A prosperidade, em especial a esperança de aumentar o acesso aos bens de consumo, é hoje um dos fatores maiores a decidir o sucesso — ou derrota — nas eleições de quem representa o poder vigente.

Mas, diferentemente de Sarney e FHC, Dilma não conseguiu concluir o mandato. Eles tiveram *virtù* suficiente para conservar uma maioria congressual — e FHC, também na mídia — que os protegeu da impopularidade crescente e, por vezes, enorme. Ela se tornou impopular, como eles, mas não teve o colchão político que, mais tarde, também salvaria Michel Temer da queda.

Passemos a Temer. Chegou ao poder graças a um misto de *virtù* e fortuna. Suponho que houve um momento em 2015, já no segundo mandato de Dilma, em que decidiu ser presidente da República. Pode ter sido em agosto, quando renunciou à articulação política do governo, a ele atribuída em março[18], alegando que as promessas que fizera aos parlamentares para aprovarem projetos de interesse do Palácio não tinham sido cumpridas por Dilma, e acrescentou que alguém precisava "unificar o Brasil" — entendendo que o país estava rachado e que a presidenta seria incapaz de manter unida a sociedade. Pode ter sido em dezembro do mesmo ano, quando vazou, quase certamente pela própria iniciativa, uma carta sua de queixas à presidenta, na qual afirmava que não era ouvido nem prestigiado. Embora a carta tenha sido alvo de alguma zombaria, porque teria um tom do rejeitado se queixando da rejeição, tornava público o descontentamento de Temer com seu papel e seu distanciamento de Dilma. Foi um sinal de que as coisas poderiam mudar

18. Na mesma ocasião em que foi anunciada minha nomeação como ministro da Educação, em 27 de março de 2015, foi também comunicado que o deputado Pepe Vargas deixava a coordenação política do governo — basicamente, a relação com o Congresso — para ser substituído, nesse papel, pelo próprio vice-presidente da República. Obviamente, era um sinal de que o governo precisava fortalecer a articulação política, até porque chamar para uma função demissível o único membro do governo que não pode ser destituído pelo(a) presidente(a) é uma aposta de alto risco.

caso ela fosse afastada do cargo. Finalmente, semanas antes de se votar o *impeachment*, veio a público a gravação de um discurso que ele pretendia pronunciar ao assumir a presidência, se e quando fosse aprovado o afastamento da titular. Embora se alegasse que os dois últimos vazamentos teriam ocorrido sem a anuência de Temer, é difícil acreditar nisso. Foram providenciais. Tenho convicção de que a decisão de chegar à presidência, apoiando o *impeachment* de Dilma, deve ter sido tomada entre agosto e dezembro.[19]

---

19. O professor Denis Rosenfield, no lançamento do livro de Temer, *A escolha*, em 12 de outubro de 2020, revelou que, em 2015, mas sem precisar a data, o general Eduardo Villas Bôas, comandante do Exército (nomeado, obviamente, pela presidenta Dilma), quis se encontrar com o então vice-presidente, o que fez em companhia do general Sérgio Etchegoyen, que depois seria ministro de Temer. O chefe da força de terra estava preocupado com a situação política do país e pediu a Rosenfield, conhecido por suas posições à direita, que marcasse a conversa. Aparentemente, tudo o que a revelação mostra é que o comandante do Exército estava se metendo na política, não que Temer quisesse o *impeachment*, tanto que ele teria dito aos generais que o *impeachment* não era uma possibilidade. Aliás, também eu me encontrei com Temer, a seu convite, em meados de março de 2015. Eu havia publicado uma coluna no jornal *Valor Econômico* expondo as posições do vice-presidente sobre a eleição de deputados federais, o que é o cerne da assim chamada "reforma política". Expus a questão e a critiquei. Ele me convidou, então, para almoçar, o que fizemos num restaurante em São Paulo. Conto essa história porque um senhor se aproximou de nós, cumprimentou Temer efusivamente e disse esperar que ele assumisse a presidência para resolver os problemas do país. O vice descartou completamente a possibilidade — o mesmo que teria dito aos generais. As declarações de Rosenfield estão em "Temer e militares se encontraram um ano antes de impeachment, revela aliado" (*Folha de S.Paulo*, Painel, 12 out. 2020. Disponível em: https://www1.folha.uol.com.br/

Assim se somaram a fortuna — o enfraquecimento de Dilma, por suas dificuldades com a política e as ofensivas da direita e da extrema-direita somadas contra ela — e a *virtù* na habilidade com que Temer teceu sua ascensão ao poder. Uma vez no governo, seu maior triunfo político foi o fracasso das tentativas de derrubá-lo, no escândalo associado à Friboi, quando o proprietário dessa grande empresa de carnes gravou um encontro com Temer e entregou o resultado ao procurador-geral da República. Embora a Rede Globo tenha dado ampla divulgação a esse assunto, pedindo a queda do vice-presidente que se tornara presidente, ele conseguiu manter-se no cargo. Perdeu a possibilidade de efetuar algumas de suas reformas, mas não foi destituído. Incidentalmente, note-se que a Globo, depois de 1998, não fez nenhum presidente da República. Perdeu quatro eleições para o PT, uma para Bolsonaro. Conseguiu fazer parte da coalizão que destituiu o PT, mas não foi capaz de derrubar Temer.

Se faltou *virtù* a Temer, foi na comparação com Itamar. O vice de Collor em nenhum momento manchou as mãos. Recusou-se a endossar o presidente — que o tinha deixado de lado —, mas não deu sinais de que conspirasse contra ele. Temer, ao contrário, multiplicou esses sinais. Itamar foi certamente o mais hábil dos vices a assumir a presidência no período democrático de nossa história. Não foi visto como traidor a Collor, mas como redentor de um país indignado. Não por acaso, deixou um nome

colunas/painel/2020/10/temer-e-militares-se-encontraram-um--ano-antes-de-impeachment-revela-aliado.shtml. Acesso em: 17 set. 2021).

limpo, digno de discreta admiração. Já Temer disputa com Café Filho o problemático troféu de haver traído o titular do cargo.[20] Mesmo assim, terminou bem melhor o mandato do que o vice de Vargas, que perdeu o cargo melancolicamente, depois de emprestar seu apoio a dois golpes, um contra seu titular, outro contra um presidente eleito, Juscelino Kubitscheck. Contudo, a vitória de Temer foi negativa: conseguiu impedir o *impeachment*, mas, para isso, renunciou a boa parte de sua agenda.[21]

Ao dizer que Temer (como Sarney) demonstrou *virtù*, não o estou elogiando. Simplesmente observo que conseguiu salvar seu plano de sobrevivência política, o que Dilma e Collor não foram capazes de fazer. Seguramente, pode-se dizer que as ambições dos dois presidentes destituídos eram maiores do que as dos dois sobreviventes. Mas perceber a *virtù* é notar que alguém sabe fazer política. Não por acaso, Collor e Dilma não construíram uma relação boa com o Congresso, nem com uma parte significativa dos "duzentos" que mencionei.

---

20. Seu aliado na tentativa de golpe de 1955, Carlos Lacerda, mais tarde, nomearia Café Filho para um cargo no Tribunal de Contas do Estado da Guanabara, em 1961.

21. A decisão, que o próprio Temer considerou hábil, de decretar a intervenção federal na segurança do Rio de Janeiro no começo de 2018 impediu qualquer emenda à Constituição até o final de seu mandato — e pode ter sido um artifício para justificar sua desistência de várias reformas que prometera ao empresariado.

Dentro da discussão do que foi *virtù*, do que foi fortuna entre os presidentes brasileiros, será conveniente, e mesmo necessário — ainda que nos afastemos um pouco do quadro temporal em que propusemos nossa análise —, falarmos de Getúlio Vargas e Juscelino Kubitscheck, dois dos maiores dirigentes que este país já teve. Getúlio é um caso ímpar. Mostrou *virtù* na tomada do poder em 1930, na ampliação de seus poderes nos anos que se seguiram, culminando na destruição do regime democrático a que procedeu com seu golpe de 1937. Até a forma como manipulou os integralistas, fazendo-os crer que lhes daria proeminência no Estado Novo, de modo a neutralizá-los, foi brilhante. Sua capacidade de ter sucessivas reencarnações — chefe de movimento revolucionário, presidente constitucional a contragosto (da primeira vez), ditador com simpatias pelo Eixo, mas que soube oportunamente passar para o lado dos Aliados, depois presidente eleito pelo povo com uma pauta progressista — satisfaria os mais exigentes requisitos de Maquiavel. Por isso mesmo, figura aqui entre os presidentes eleitos pelo povo, dado que a eleição de 1950 lhe deu, finalmente, essa legitimidade democrática.

Contudo, o que eu realçaria em Getúlio não seria a *virtù* na aquisição nem no exercício do poder — os dois pontos que discuti nos demais presidentes —, mas *na saída do poder*. Trata-se de um caso fora da curva, raro, mesmo na história mundial, até porque Getúlio demonstrou extraordinária *virtù* ao deixar o poder não uma, mas duas vezes. Em 1945, quando foi deposto, conseguiu assim mesmo — em pouco mais de um mês de campanha — fazer eleger seu sucessor, seu antigo ministro da Guerra por quase dez anos, seu colaborador nos piores períodos de sua ditadura, mas que participou do golpe que o depôs em outubro daquele ano. Getúlio não deixou que a mágoa ou o rancor perturbassem seu julgamento político.[22]

Em 1954, a situação foi muito pior: trágica. A pressão contra ele não lhe deixava nenhuma saída honrosa, mas nem sabemos se ele aceitaria alguma (no caso, a renúncia ou, o que daria na mesma, uma licença do cargo sem volta). O fato é que, suicidando-se, Getúlio destruiu o projeto golpista, ou melhor, atrasou-o por dez anos. Não teria havido Juscelino, a construção de Brasília, a industrialização em ritmo acelerado, sem a bala que Getúlio disparou no próprio peito, na manhã de 24 de agosto. Com isso, sua imagem, que era péssima ao amanhecer, redimiu-se antes do meio-dia. O povo pobre, que assistia calado ao protagonismo da mídia e dos partidos de direita armando uma destituição infamante do presidente, saiu às ruas. Os golpistas se acovardaram. É verdade que seu vice-presidente, o mais traidor de nossa história, assumiu o poder e nomeou um ministério antivarguista. É verdade também que Café Filho preparou, por omissão ou mesmo apoio, o golpe que visava impedir a posse de Juscelino Kubitscheck, eleito em outubro de 1955. Dar a própria vida como um gesto político de mestre, conseguindo com a morte a vitória que não teria em vida, talvez tenha sido uma façanha sem igual nos anais do poder democrático. Não sei se há caso tão pronunciado

22. Atribui-se a Getúlio a frase: "Não tenho inimigo de quem não possa me aproximar nem amigo de quem não possa me distanciar."

de *virtù* na saída do poder — e da vida —, convertendo uma derrota em vitória, sacrificando a pessoa para defender uma política.

E aqui chegamos à *virtù* de JK. Ele soube — apoiando Getúlio em evento realizado na capital de Minas Gerais, de que era governador, no dia 12 de agosto, em meio à crise que, em poucos dias, culminaria no suicídio — postar-se como possível herdeiro. E foi nessa qualidade que acabou eleito. Na presidência, fez o que pôde para pacificar o país. Perdoou, duas vezes, militares que tentaram derrubar seu governo. Certa vez, recebeu em seu gabinete no Rio de Janeiro um líder estudantil, no bojo de manifestações de rua contra o aumento da tarifa de ônibus. Convidou o rapaz a sentar-se em sua cadeira presidencial e lhe perguntou o que faria se estivesse (como fisicamente estava) em seu lugar. Assim, conseguiu resolver a pequena crise que se esboçava na capital, muito inferior à que levara Getúlio à morte e à que levaria Jango ao exílio. Seu governo, apesar da histeria do núcleo duro da oposição, seria lembrado ao longo de décadas como uma espécie de oásis em meio ao deserto, de ideal na política brasileira — tanto que, quase trinta anos depois de ele encerrar seu mandato, os candidatos à eleição de 1989, a primeira em décadas, disputavam sua herança e procuravam emular sua imagem. Sua *virtù* esteve no diálogo, na simpatia, na capacidade de transmitir às pessoas esperança no Brasil.

Já a eleição de Bolsonaro é um caso complexo para nossos critérios — não à toa afirmei anteriormente que analisaria os sete (sem ele) ou oito (com ele) presidentes que tivemos desde 1985. Sem dúvida, circunstâncias externas foram responsáveis por sua vitória. Em condições normais, nunca teria sido eleito. A vitória de Trump nos Estados Unidos, embora tenha surpreendido as previsões e os analistas, teve mais lógica do que a do brasileiro: o bilionário apelara a um conservadorismo que ousava dizer seu nome havia muito tempo e, além disso, tinha sido precedido pela ascensão, dentro do Partido Republicano, de extremistas como Newt Gingrich, nos anos 1990, e o Tea Party, já em nosso século. Trump culminava num processo; Bolsonaro foi um acontecimento quase puro, inesperado.

O contexto que favoreceu Bolsonaro começa com a destituição de Dilma Rousseff e a demonização do Partido dos Trabalhadores, mas se arremata graças à desmoralização do PSDB, que esperava colher os frutos da vitória da direita e da extrema-direita no *impeachment* de Dilma e na manipulação política dos processos contra a corrupção. O fato de perderem hegemonia, quase ao mesmo tempo, os dois partidos que se alternaram no poder durante vinte anos propiciou a entrada de um terceiro nome.

Aqui, cabe remeter à análise clássica que Marx fez do golpe de Estado do futuro Napoleão III, em seu *18 de brumário de Luís Bonaparte* (1852), e que Perry Anderson adota para explicar o absolutismo, em *Linhagens do Estado absolutista*, de 1974: são casos de empate entre os principais atores, permitindo a ascensão de um terceiro sem peso próprio, mais fraco, na verdade, que os antagonistas, mas que impõe seu poder justamente porque os outros dois se neutralizam. Na França de 1850, o impasse se dá entre duas alas monarquistas, os partidários dos Bourbons e dos Orléans, mais os republicanos: três grupos que se detestam, mas que, por isso mesmo, se esterilizam reciprocamente. Já no absolutismo, a explicação clássica é que a nobreza está decaindo enquanto a burguesia ascende, e, por isso mesmo, nem a primeira consegue mais controlar o poder, nem a segunda já se mostra capaz de tomá-lo sozinha.

Essa matriz interpretativa é particularmente interessante porque contesta a aparência em nome do processo histórico que se move por trás dela. Na aparência, Luís XIV é o mais poderoso dos reis da França; o termo *absolutismo* porta a ideia de que suas decisões não podem ser relativizadas, não se dão em *relação* a alguém, mas são *soltas* de qualquer amarra (a origem de *ab-solutus*), totais e irrecorríveis (o sentido corrente da palavra "absoluto"). Mas a verdade é que ele só tem tanto poder porque é o fiel da balança. O mesmo vale para a explicação que Marx oferece para Napoleão III: aparentemente, o segundo Imperador dos Franceses tem todo o poder, tanto que a primeira metade de seu reinado é conhecida como o "Império autoritário" (a partir de 1860, teremos o "Império liberal"). Contudo, ele só tem esse poder porque, na verdade, os demais atores ficaram esvaziados.

Mas essa interpretação poderia ser estendida a outros casos de poder desmedido? Não. Ela não vale para os regimes totalitários, seja o fascista (que ainda aceitava uma limitação externa a seu poder, a da Igreja, sendo a Itália um país profundamente católico), seja o nazista (que foi mais longe, enquadrando as Igrejas protestantes e reprimindo na católica os que tentaram limitar seu poder), seja o comunista. Em todos esses casos, o poder controlava tudo a seu alcance, o que não era pouco.

Nem serve para a maior parte das ditaduras da América Latina, até porque, quando a direita recorria aos préstimos dos militares para eliminar as tentativas de democracia, estes agiam em concerto com ela e com os Estados Unidos. Não se tratava, portanto, de um empate ou impasse entre atores poderosos, mas de um ator forte que, sentindo-se ameaçado, se aliava a forças extrapolíticas, a saber, a força armada e o poder imperialista.

Portanto, o que sugiro para a ascensão de Bolsonaro é uma interpretação específica para situações extraordinárias. Entendo que o esvaziamento das alternativas tradicionalmente democráticas tenha aberto espaço para a vitória do candidato Bolsonaro. Ou seja, quando discutimos *virtù* e fortuna, precisamos entender também quanto vale o contexto. Este não é apenas fortuna, que parece ser um termo mais adequado para compreender algo inesperado, às vezes pequeno, mas que opera uma mudança significativa na situação. Em 1914, o assassinato do duque Francisco Ferdinando, em Sarajevo, pode ter sido essa fagulha (a fortuna) —, mas, como a Europa era um barril de pólvora, qualquer incidente poderia eventualmente fazer explodir (o contexto).

Já a morte de Tancredo Neves, em nossa história, é um caso exemplar, paradigmático, de fortuna. Poderia jamais ter acontecido, tivesse ele tomado os cuidados com sua saúde — que não tomou — e contasse com assistência médica qualificada desde a crise de diverticulite que o impediu de ser empossado na data constitucional. O que levou Sarney à presidência foi fortuna, ou conjuntura, em estado puro. Mas algo que é mais estrutural, como a destruição recíproca da direita (a antiga centro-direita, que se radicalizou na oposição ao PT) e da centro-esquerda, pode ser considerado mera fortuna? Certamente não. Isso quer dizer, então, que a vitória de Bolsonaro se deveu à sua *virtù*? Não diria isso.

Um elemento que resultou da fortuna — mas se revelou decisivo — foi a facada que o candidato recebeu num comício em Juiz de Fora, Minas Gerais, a 6 de setembro de 2018, um mês antes do primeiro turno. Ele tivera um desempenho pífio no único debate a que compareceu, sendo demolido por Marina Silva. Contava com apenas oito segundos na propaganda eleitoral, enquanto o nome "natural" para a direita, Geraldo Alckmin, tinha uma profusão de minutos. É verdade que Bolsonaro já estava bem avaliado nas pesquisas de opinião pública, com dois dígitos, mas não chegava aos 20%. (Em nosso sistema eleitoral, com tantos candidatos, a partir dos 10% já se sonha com a presença no segundo turno e, portanto, com a vitória — situação que incentiva muitos azarões a disputar a eleição, com esperança de triunfo. Ir de 0% a 10% parece um sonho viável; com 15% ou mais, já se torna possível ir ao segundo turno; se o outro finalista tiver rejeição alta, a vitória pode sorrir.)

Ora, a facada despertou reações de solidariedade, blindou o candidato de ataques, serviu de álibi para fugir dos debates sem perder apoio, permitiu que a esquerda fosse acusada pelo atentado e, o principal, garantiu uma cobertura nos noticiários da mídia que, em circunstâncias normais, Bolsonaro não teria. Tanto que circulou o rumor de que o ataque teria sido forjado. Aqui, a não ser que tudo tenha sido de fato encenado, o que exigiria a cumplicidade de pelo menos dezenas de médicos, enfermeiros e outras testemunhas em mais do que um hospital, temos um caso típico de fortuna. (Obviamente, se tiver sido encenado, foi um exemplo quase inacreditável de habilidade — talvez, de *virtù*.)

Além disso, há o fato — esse estrutural, não mais casual — de que a divisão entre os que não são extremistas de direita ficou acentuada demais. O Brasil se rachou em três. Temos a extrema-direita, que, além de Bolsonaro, inclui grupos que podem não estar no governo, mas partilham de sua visão econômica e dos costumes, bem como de uma crença em soluções autoritárias para problemas como criminalidade, educação, saúde, meio ambiente. Há uma direita que tem como emblema o PSDB, o qual deslizou do centro ou da centro-direita para essa posição mais conservadora (ou liberal, depende do ponto de vista), e que discorda das políticas bolsonaristas para os costumes, mas concorda com muito de sua visão econômica. Finalmente, temos a centro-esquerda, que se opõe às políticas governamentais tanto para os costumes quanto para a economia e a sociedade. Ou seja, enfrentam-se radicalmente a extrema-direita e a centro-esquerda, enquanto a direita pode se aliar ora a uma, ora a outra.

Marx diz, no *18 de brumário*, que partidários dos Orléans e Bourbons podiam falar emocionados em princesas errantes e sofridas, evocando todo um (palavra minha) *páthos* político, mas que, na hora da decisão, o que lhes importava era a renda fundiária, e nisso convergiam. Emprestando sua chave interpretativa, a direita não fascista pode discordar do conservadorismo e mesmo do mau gosto dos extremistas de direita, mas, na hora decisiva, os interesses econômicos, que ela compartilha com estes últimos, prevalecem sobre as divergências comportamentais. O mundo dos interesses econômicos predomina sobre o dos direitos. Nesse sentido, as eleições de 2018 terão sido exemplares: parte significativa da direita apoiou, já no primeiro turno, a extrema-direita. A subordinação de Aécio Neves, em nome do PSDB, a Eduardo Cunha, no final de 2015, para viabilizar o *impeachment* de Dilma prosseguiu com a adesão — nova subordinação — de muitos eleitores tucanos, e mesmo do candidato João Doria, ao capitão que acabou eleito presidente. No momento de escolher, ao contrário do que disse em editorial o jornal *O Estado de S. Paulo* logo após o primeiro turno[23], a opção da direita que não ousa dizer seu nome, que emprega o pseudônimo de "centro", foi majoritariamente pela extrema-direita. Terão as coisas mudado desde então?

Bolsonaro é um homem de *virtù* ou de fortuna? Se sua chegada ao poder foi, como nos parece, essencialmente obra da fortuna — ser o demagogo disponível na hora em que a política, de direita ou esquerda, estava

23. "Uma escolha muito difícil", *O Estado de S. Paulo*, 8 out. 2018. Disponível em: https://opiniao.estadao.com.br/noticias/geral,uma-escolha-muito-dificil,70002538118. Acesso em: 17 set. 2021.

sendo rejeitada como corrupta, o que conferia a ele a distinção de se opor a tudo o que representasse democracia ou mesmo política —, no exercício do poder o presidente foi aprendendo. Uma linha de corte parece ter-se dado após seu arroubo no sentido de fechar o Supremo Tribunal Federal, relatado pela revista *piauí* em 5 de agosto de 2020[24], mas ocorrido em 22 de maio do mesmo ano. Depois disso, ele mudou de atitude, parando de enfrentar os poderes constituídos para se aliar a eles, o que, por sinal, convergiu com uma alta em sua popularidade, atribuída ao auxílio emergencial pago pelo governo durante a pandemia. Tudo é indefinido por ora, mas, se conquistar a reeleição, terá mostrado uma inesperada *virtù*.

Esse desfecho não é impossível. A aproximação entre direita não fascista e centro-esquerda, conforme expliquei anteriormente, hoje parece inviável. Mas a interpretação de Marx e Anderson sobre o advento de um *tertius* fraco diante de um impasse entre inimigos fortes vale para a *aquisição* do poder, com Marx, em especial, desqualificando o príncipe-presidente, porém não para a *continuidade* no poder, de que se beneficiaram Napoleão III ou Luís XIV. Onde Marx e Anderson erram é em não perceber a solidez desse poder que surge sem base própria. Afinal, o segundo imperador da França ficou

24. M. Gugliano, "Vou intervir!", *piauí*, n. 167, ago. 2020. Disponível em: https://piaui.folha.uol.com.br/materia/vou-intervir/. Acesso em: 15 out. 2020. Apesar de o texto ter sido veiculado na edição impressa da revista de agosto de 2020, foi disponibilizado em seu site alguns dias antes.

vinte anos no poder, e o Rei Sol mais de cinquenta anos, desde que decidiu não ter primeiro-ministro.

Se tivesse de apostar, eu diria, a esta altura, que Bolsonaro é um fruto da fortuna. Tanto conquistou o poder quanto se manteve nele, por enquanto, muito mais graças às falhas dos outros do que a seus eventuais méritos.

Não basta um governante novo ter êxito para se dizer que ele deu mostras de *virtù*. O sucesso pode se dever à fortuna, e a *virtù* pode não resultar em vitória. Maquiavel trata dessa questão quando menciona Agátocles, rei da Sicília no século IV a.C., na passagem mais difícil de entender do *Príncipe*. No capítulo VIII, "Dos que chegaram ao principado por meio de crimes", ele conta como Agátocles tomou o poder pela *via scellerata*. Por um lado, nada deixou à fortuna, tal o cuidado com que planejara as chacinas que o levaram ao principado; mas acrescenta que tampouco teve *virtù*. Nesta frase, ao que parece, Maquiavel associa a *virtù* à glória, à honra: "Não se pode, ainda, chamar virtude o matar os seus concidadãos, trair os amigos, ser sem fé, sem piedade, sem religião; tais modos podem fazer conquistar poder, mas não glória."[25]

Nosso autor vai entender que a chave da questão está no bom ou no mau uso dos atos cruéis: pertencem ao

25. Maquiavel, *O príncipe*, 1513, trad. do site *Domínio Público*, [s.d.], cap. VIII. Disponível em: http://www.dominiopublico.gov.br/download/texto/cv000052.pdf. Acesso em: 17 set. 2021.

primeiro caso os atos "que se fazem instantaneamente pela necessidade de firmar-se [no poder]", mas que são praticados, sempre que possível, de uma vez só, sem se tornar rotina, e que, além disso, produzam "*o máximo possível de utilidade para os súditos*", que grafo em itálico para realçar. Assim, a própria crueldade, a própria torpeza, podem ser utilizadas de forma útil.

Diria que daí podemos chegar a dois requisitos para se falar em *virtù* quando se pratica o mal. O primeiro é que seu uso seja cirúrgico: de uma vez só. Que o príncipe — ou, na aplicação que fazemos de *O príncipe*, o governante eleito — utilize o mal como meio, não como fim, como necessidade, não como prazer, como exceção, não como regra. O segundo, e numa democracia ele será o principal: que seja útil ao bem comum.

É bom lembrar que começa com Maquiavel a identificação do *estado* de príncipe ao *Estado* que ele governa. São duas formas de entender a palavra italiana *stato*. É frequente atribuir a Maquiavel, ou à sua obra, a passagem do sentido de estado, como a condição do príncipe, para Estado como o que ele domina. Fica essa ambiguidade nas vezes que Maquiavel diz que o príncipe deve *mantenere lo stato*. É o caso desta:

> Poderia alguém ficar em dúvida sobre a razão por que Agátocles e algum outro a ele semelhante, após tantas traições e crueldades, puderam viver longamente, sem perigo, dentro de sua pátria e, ainda, defender-se dos inimigos externos sem que os seus concidadãos contra eles tivessem conspirado, tanto mais notando-se que muitos outros não conseguiram

> *manter o Estado*, mediante a crueldade, nos tempos pacíficos e, muito menos, nos duvidosos tempos de guerra. Penso que isto resulte das crueldades serem mal ou bem usadas.[26]

Muitos comentadores leem essa passagem no primeiro sentido, como o príncipe lutando para continuar em sua posição, em seu "estado" ou condição; já os tradutores preferem grafar Estado com maiúscula. De todo modo, fosse qual fosse a intenção de Maquiavel, a recepção de sua obra consagrou a ênfase no segundo sentido. Na verdade, as duas acepções se combinam, e talvez esteja aí uma das chaves de nosso autor: é lutando por seu bem próprio, seu "estado", que o príncipe fortalece e protege o espaço em que vivem todos, seu "Estado".

Não há *virtù* se ela não beneficiar a pólis, a cidade, o corpo político. O poder não é um fim em si.

◎ ◎ ◎

Resta a pergunta: mede-se a *virtù*? Até aqui, afirmei que Sarney, Itamar e Temer mostraram alguma *virtù*, enquanto FHC e Lula, muita. Enfatizei mais a *virtù* da manutenção do poder do que a de sua aquisição. Vimos

---

26. Ibidem (grifo meu). Ver também, no mesmo capítulo XVIII, a seguinte passagem: "Deve-se compreender que um príncipe, e em particular um príncipe novo, não pode praticar todas aquelas coisas pelas quais os homens são considerados bons, uma vez que, frequentemente, é obrigado, para *manter o Estado*, a agir contra a fé, contra a caridade, contra a humanidade, contra a religião" (grifo meu).

que não há relação necessária entre a forma de chegar ao poder e a de governar. Presidentes que chegaram pela fortuna, como os três vices, conseguiram levar seus mandatos a termo, o que não foi fácil para nenhum deles. Dos dois presidentes que sofreram o *impeachment*, não sabendo domar a fortuna, um tinha chegado à presidência pela *virtù*, outra pela fortuna. Paradoxalmente, e com as exceções de Collor e Dilma, a *virtù* no exercício é mais viável do que na aquisição; mas depende de prévia e farta experiência político-partidária. Os três vices nunca chegariam à presidência pela *virtù*, jamais venceriam eleições. (Falei em alguma *virtù* na forma de ascender para Itamar, em mais do que alguma para Temer, pensando em como se posicionaram para suceder ao titular sem serem engolfados na rejeição que este recebeu.)

Dos três vices que chegaram à presidência, apenas o primeiro manteria boas relações com o titular. Tancredo e Sarney jamais romperiam. Ambos eram políticos bons demais para fazer isso. Já Collor perdeu Itamar, e Dilma perdeu Temer, ambos por inabilidade. Das duas vezes, o vice era mais político do que o titular. Já saía na largada com essa vantagem. Itamar não teria o carisma que Collor utilizou para se eleger, seu senso do *kairós*, nem Temer a herança que Dilma recebeu, o *dedazo* de Lula. Jamais o povo os elegeria presidentes. Mas sabiam gerir o Congresso — na verdade, Temer mais do que Itamar, mas, de todo modo, este conhecia o Legislativo federal, sabia como ele funciona, ao passo que Collor tinha exercido apenas um apagado mandato de deputado federal, enquanto Dilma, nenhum mandato antes da presidência.

Volto à pergunta sobre os líderes. Precisa o governante democrático de *virtù*? De muita ou de alguma? Tem de ser líder ou pode ser gerente? É obviamente impossível eleger apenas líderes para a chefia de governo ou de Estado. Mas há países, e épocas, que exigem mais de quem dirige a coisa política. Seria quase inconcebível a vitória dos aliados, na Segunda Guerra Mundial, sem Winston Churchill, Franklin Roosevelt, Charles de Gaulle e, vá lá, Stálin. Ficasse Neville Chamberlain como primeiro-ministro britânico ou lhe sucedesse o visconde Halifax, seria muito difícil derrotar o nazismo. Não se trata aqui de celebrar o grande homem na história, como foi moda no século XIX, em especial graças a Thomas Carlyle, mas — ficando a um passo de uma história contrafactual (se Lula voltasse à presidência em 2014, teria aguentado o tranco do *impeachment*? É possível que sim) — de entender a arte do estadista.

Pois é na *virtù* que essa arte pode melhor se expressar. O próprio fato de que nem sempre a *virtù* resulte em pleno êxito, como aconteceu com Cesare Borgia, nosso exemplo em Maquiavel, ou com Sarney, não a desmerece. Ela estabelece um patamar elevado para a liderança política. Com a ressalva, claro, de que a *virtù* para Maquiavel tem um uso mais explícito da força, é mais bélica, enquanto a arte do estadista de que ora falo é democrática; mas uma tese essencial deste livro tem sido que há mais proximidade entre Maquiavel e a democracia do que à primeira vista pode parecer, em parte porque ele e ela lidam com governantes novos, em parte porque requerem uma *virtù* ou uma capacidade que não é óbvia e que nem todo detentor do poder possui.

Com isso, também chegamos a certas limitações do pensamento centrado nas instituições políticas. Como dissemos, estas são boas para limar os excessos, os abusos, os absurdos. São, por natureza, conservadoras. Mas uma coisa é conservar a polidez, a decência, os *mores* democráticos contra a ameaça autoritária; outra coisa é preservar a desigualdade convertida em injustiça. O Senado dos Estados Unidos manteve durante duros cem anos, do final da Reconstrução ainda na década de 1860 até as grandes manifestações raciais dos anos 1960, a realidade dos negros do Sul do país em condições que lembravam as da escravatura. As instituições são boas para jogar na retranca. Elas evitam pênaltis e goleadas. Mas são péssimas quando o momento exige avançar. São ruins para o ataque.

Ora, pode a política consistir — ainda mais numa época como a nossa, de intensas mudanças — em preservação, em manutenção, quando os tempos exigem modificações, saltos qualitativos, quase a nossa transformação em uma nova espécie? O Brasil enfrenta um problema estrutural, a miséria somada às deficiências na educação e na saúde, que torna difícil seu avanço, inclusive econômico. E hoje se depara com um problema de pesada conjuntura, que é o da destruição das conquistas democráticas das últimas décadas pelo grupo que está no poder. Nossas instituições têm sido fracas para proteger as conquistas constitucionais, e instituições, em geral, não são adequadas para promover saltos estruturais, como a superação de agravos seculares.

Isso não vale apenas para o Brasil. O mundo inteiro vivencia uma crise da representação; ora, o melhor das instituições é que representem a sociedade, mais explicitamente (os poderes eleitos) ou indiretamente (os poderes judiciais e de controle). As condições de vida estão se modificando a alta velocidade, e a política segue a reboque, com seus homens e poucas mulheres vendo — bestializados, sinto vontade de dizer — o que acontece no mundo da vida: fala-se em crise de liderança, é claro; os políticos mal percebem o que hoje em dia sucede de mais vital. Assim, eles não lideram; quando muito, acompanham, seguem, são espectadores quando deveriam ser protagonistas — e por isso não são sequer bons espectadores.

A ação política se mostra nossa questão prioritária. Para pensá-la, Maquiavel talvez seja o filósofo político ou, mais do que isso, o pensador da política que mais nos ajuda.

Referências bibliográficas

ANDERSON, PERRY. *Linhagens do Estado absolutista*. São Paulo: Brasiliense, 1985.

BLOCH, Marc. *La Société Féodale*. Pref. Robert Fossier. Paris: Michel Albin, 1994.

BURKE, Peter. "Ignorância na política". *piauí*, n. 168, set. 2020. Disponível em: http://piaui.folha.uol.com.br/materia/ignorancia-na-politica/. Acesso em: 23 ago. 2021.

COELHO, Marcelo. "Itamar encena mito do 'homem qualquer'". *Folha de S.Paulo*, Ilustrada, 30 dez. 1994. Disponível em: https://www1.folha.uol.com.br/fsp/1994/12/30/ilustrada/17.html. Acesso em: 17 set. 2021.

DAGNINO, Evelina (Org.). *Anos 90*: política e sociedade no Brasil. São Paulo: Brasiliense, 1994.

DUBY, Georges. *Guilherme Marechal*: o melhor cavaleiro do mundo. Trad. Renato Janine Ribeiro. Rio de Janeiro: Graal, 1988.

GIANNOTTI, José Arthur. "Política da malvadeza". *Folha de S.Paulo*, Opinião, 10 set. 1995. Disponível em: https://www1.folha.uol.com.br/fsp/1995/9/10/opiniao/9.html. Acesso em: 17 set. 2021.

Guerreiro, António. "O 'caso Trump' ou a psipeste". *Público*, 2 out. 2020. Disponível em: https://www.publico.pt/2020/10/02/culturaipsilon/cronica/caso-trump-psipeste-1933296. Acesso em: 15 set. 2021.

Gugliano, Monica. "Vou intervir!". *piauí*, n. 167, ago. 2020. Disponível em: https://piaui.folha.uol.com.br/materia/vou-intervir/. Acesso em: 15 out. 2020.

"Hardtalk BBC FHC". Vídeo (14'32"), 8 out. 2007. Repostado pelo canal Joabe Cavalcanti, 26 ago. 2010. Disponível em: https://www.youtube.com/watch?v=cNhs2d_ScW4. Acesso em: 17 set. 2021.

Hobbes, Thomas. *Behemoth ou o longo parlamento* (diálogo I). Trad. Eunice Ostrensky. Belo Horizonte: Editora UFMG, 2001.

Hobbes, Thomas. *Leviatã*: matéria, palavra e poder de uma República eclesiástica e civil. Trad. Gabriel Lima Marques e Renan Marques Birro. Petrópolis: Vozes, 2020.

Lébrun, Gérard. *O avesso da dialética*. Trad. Renato Janine Ribeiro. São Paulo: Companhia das Letras, 1988.

"Lula debate com ex-ministros da Educação: tempos de pandemia". Vídeo (113'42"), 22 abr. 2020. Publicado pela página oficial de Lula no Facebook. Disponível em: https://www.facebook.com/Lula/videos/lula-debate-com-ex-ministros-da-educa%C3%A7%C3%A3o-tempos-de-pandemia/1357156587810188/. Acesso em: 17 set. 2021.

Maquiavel. *O príncipe*. 1513. Trad. do site *Domínio Público*, [s.d.]. Disponível em: http://www.dominiopublico.gov.br/download/texto/cv000052.pdf. Acesso em: 17 set. 2021.

Marx, Karl. *O 18 de brumário de Luís Bonaparte*. Trad. Nélio Schneider. São Paulo: Boitempo, 2011.

Marx, Karl. *A guerra civil na França*. Trad. Rubens Enderle. São Paulo: Boitempo, 2011.

Nietzsche, Friedrich. *Genealogia da moral*. Trad. Paulo César de Souza. São Paulo: Companhia das Letras, 2009.

Pinto, Luís Costa. *Trapaça*: saga política no universo paralelo brasileiro. Pref. Renato Janine Ribeiro. 2 v. São Paulo: Geração Editorial, 2019/2020.

Plutarco. *Vida de César*. Trad. Centro de Estudos Helênicos, Núcleo de Idiomas. São Paulo, [s.d.].

Ribeiro, Renato Janine. *A última razão dos reis*. São Paulo: Companhia das Letras, 1993.

Ribeiro, Renato Janine. *Ao leitor sem medo*: Hobbes escrevendo contra o seu tempo. 2. ed. Belo Horizonte: Editora UFMG, 2003.

Ribeiro, Renato Janine. "Líderes, gerentes ou chefes". *Folha de S.Paulo*, Opinião, 15 jan. 2009. Disponível em: https://www1.folha.uol.com.br/fsp/opiniao/fz1501200908.htm. Acesso em: 17 set. 2021.

Ribeiro, Renato Janine. "Virtù e fortuna". *O Estado de S. Paulo*, Aliás, 12 jul. 2014. Disponível em: https://alias.estadao.com.br/noticias/geral,virtu-e-fortuna,1527392. Acesso em: 17 set. 2021.

Ribeiro, Renato Janine. *A boa política*: ensaios sobre a democracia na era da internet. São Paulo: Companhia das Letras, 2017.

Ribeiro, Renato Janine. *A pátria educadora em colapso*: reflexões de um ex-ministro sobre a derrocada de Dilma Rousseff e o futuro da educação no Brasil. São Paulo: Três Estrelas, 2018.

Roa bastos, Augusto. *Eu, o supremo*. São Paulo: Paz e Terra, 1977.

Rousseau, Jean-Jacques. *Do contrato social*. Livro I. Trad. Rolando Roque da Silva, ed. eletr., 4 jan. 2002.

Disponível em: http://www.dhnet.org.br/direitos/anthist/marcos/hdh_rousseau_contrato_social.pdf. Acesso em: 23 ago. 2021.

SUETÔNIO. *A vida dos doze Césares*. Trad. Centro de Estudos Helênicos, Núcleo de Idiomas. São Paulo, [s.d.].

"TEMER E militares se encontraram um ano antes de impeachment, revela aliado". *Folha de S.Paulo*, Painel, 12 out. 2020. Disponível em: https://www1.folha.uol.com.br/colunas/painel/2020/10/temer-e-militares-se-encontraram-um-ano-antes-de-impeachment-revela-aliado.shtml?origin=uol. Acesso em: 17 set. 2021.

"UMA ESCOLHA muito difícil". *O Estado de S. Paulo*, 9 out. 2018. Disponível em: https://opiniao.estadao.com.br/noticias/geral,uma-escolha-muito-dificil,70002538118. Acesso em: 17 set. 2021.

VERNANT, Jean-Pierre. "Œdipe sans complexe". In: VERNANT, Jean-Pierre; VIDAL-NAQUET, Pierre. *Mythe et tragédie en Grèce ancienne*. Paris: Maspéro, 1981 (inicialmente publicado em *Raison Présente*, n. 4, 1967). [Ed. bras.: *Mito e tragédia na Grécia antiga*. São Paulo: Perspectiva, 2019.]

WEBER, Max. Weber, *Ciência e política*: duas vocações. Trad. Leonidas Hegenberg e Octany Silveira da Motta. São Paulo: Cultrix, 2004.

ESTE LIVRO FOI COMPOSTO EM BOOKMAN OLD STYLE CORPO 10 POR 14,5
E IMPRESSO SOBRE PAPEL PÓLEN BOLD 90 g/m² NAS OFICINAS DA RETTEC
ARTES GRÁFICAS E EDITORA, SÃO PAULO – SP, EM JUNHO DE 2022